Inhaltsverzeichnis

Geleitwort

Grüß Gott, ich bin die Aschenbrennerin!
– Wenn sie mit diesem Gruß auf den Lippen einem erstmaligem Kräuterspaziergänger gegenüber steht, bekleidet mit Windjacke, Kniebundhose und Wanderstiefeln, ein helles Leuchten in den Augen, kommt einem der Leitspruch SAMUEL HAHNEMANNS in den Sinn: „Aude sapere". „Habe Mut Dich Deines eigenen Verstandes zu bedienen" – so übersetzte KANT dieses HORAZ-Zitat, „Erkühne Dich weise zu sein" war SCHILLERS Übertragung. „Wage, weise zu sein oder wage zu wissen" – so mag es HAHNEMANN, der Vater der Homöopathie gedacht haben. Und wenn man mit der EVA ASCHENBRENNER eine Stunde gegangen ist, denkt man es für sich selbst um: „Habe Mut, Dich Deines eigenen Verstandes zu bedienen – und erkenne."

Wir heutigen Ärzte könnten uns glücklich schätzen, nie gab es so viele Möglichkeiten der Diagnostik und Therapie. Und trotzdem stehen wir sogenannten Schulmediziner immer wieder im Therapienotstand, steigt die Anzahl der chronischen Krankheiten und Kranken. Geist, Leib und Seele, diese untrennbare Einheit eines kranken Menschen, wird wohl in der Schulmedizin zu häufig vernachlässigt. HILDEGARD VON BINGEN hat dies wie auch später PARACELSUS und HUFELAND beklagt. Die früheren Heilkundigen hatten noch die Fähigkeit, Transzendentes wahrzunehmen. Sie konnten gewissermaßen auf den ersten Blick hin die Beziehung zwischen den geschwächten Organen des Patienten und den heilbringenden Teilen einer Pflanze erkennen.

„Seht Euch die Kräuter an", schreibt PARACELSUS, „ihre Kräfte sind unsichtbar und dennoch werden sie in ihnen gefunden". Er fügt hinzu: „Von dem, was unsichtbar ist, soll der Arzt reden, was sichtbar ist, soll ihm bekannt sein".

Jeder, der die „ASCHENBRENNERIN" vier Stunden lang begleitet hat, spürt ihren hohen Respekt vor dem Wunder in und um die Pflanze. Wenn wir – der Schulmediziner und die Kräuterheilkundige – also verschiedene Wege vom ärztlichen Handeln zum Heilen haben, so ist unser Ziel der Mensch in seiner Ganzheit als Individuum. „Vor die Therapie haben die Götter die Diagnose gesetzt". EVA ASCHENBRENNER verweist stets darauf, daß der Arzt zunächst die Diagnose stellen muß, bevor der weitere Weg der Therapie diskutiert werden kann. Wir können phytotherapeutisch handeln bei einer großen Anzahl von Erkrankungen und Befindlichkeitsstörungen, wir müssen naturwissenschaftlich-chemisch therapieren, wo sonst kein Weg zur Heilung führt. Es kann nicht bestritten werden, daß es hier viele Grauzonen gibt, in die wir noch vorstoßen können. Kriterium des wirklichen Arztes ist es, daß er beide Wege studiert, damit er sicher und genau unterscheiden kann, welchen er zum Wohle des Kranken zu gehen hat. Das Wohl der Patienten liegt auch der EVA ASCHENBRENNER am Herzen; sie wünscht sich, die Menschen mögen wieder gesund sterben, nicht vergiftet mit allen möglichen chemischen Substanzen. So sollte in unserer Zeit sinnloser Streit über das Therapieverfahren ein Ende finden durch menschliches Miteinander. Die verschiedenen Therapieverfahren haben im Rahmen der Gesamtmedizin je nach Situation des Kranken ihr Optimum und ihre Grenzen.

Keiner verläßt den Spaziergang dieser aus der Natur kommenden Lehrmeisterin ohne Gewinn für sich und seine Gesundheit. Wir wünschen ihr und uns noch viele gemeinsame Kräutergänge.

Dr. med. WALTER STÜBINGER
Facharzt für Allgemeinmedizin
Homöopathie
Naturheilverfahren

Einführung

Bei mir geht es nur um das sogenannte Unkraut. Eigentlich alles was Gott wachsen läßt, ohne daß man etwas dazu tut. Darum ist es auch notwendig, dort zu sammeln, wo nicht gedüngt ist, also an Waldrändern, Flußdämmen, sogenannten wilden Ranken und Kieswegrändern. Gepflanzte oder veredelte Kräuter nehme ich nur, wenn ich draußen nichts finde, aber dringend brauche, z.B. die Ringelblume oder den Salbei, jedoch niemals die gezüchtete gelbe Schafgarbe.

Alle Kräuter haben eine heilsame Funktion, denn sie enthalten viel ätherische Öle. Richtig angewendet helfen sie, Ihren Körper zu entgiften, zu entschlacken, das Blut zu reinigen, zu verdünnen und neu zu bilden. Nicht nur das: Sie erreichen über Tees und Speisen alle Organe, so daß es nicht so schnell zu schwerwiegenden Leiden kommt.

Die Behandlung mit Kräutern dauert etwas länger, es ist sozusagen eine sanfte Heilung – jedoch „Geduld ist die Brücke zur Freude". Sollte der gewünschte Erfolg nicht eintreten, so richten Sie auf keinen Fall Schaden an Ihrem Körper an. Wenn eine Pflanze für das eine nicht hilft, dann für etwas anderes oder gar nicht. Aber es gibt keine Nebenwirkungen. Sie müssen warten können, denn meine Tees und Tinkturen sind für Übermorgen, nicht für Vorgestern.

Natürlich ist es ganz wichtig, daß wir unseren Hausarzt haben. Ich bitte Sie, zu ihm zu gehen und ihn zu fragen, was Ihnen fehlt. Sie können aber mithelfen, schneller gesund zu werden. Wenn es nicht ohne starke Medikamente geht, finde ich es gut, mit Tees oder anderen Naturmitteln nachzuhelfen. Die Nebenwirkungen werden dabei ausgeschwemmt.

Wenn Sie täglich mit all den „Un-Heilkräutern' leben, auch wenn Sie sich wohlfühlen, können Sie sich vor mancher Krankheit schützen. „Ich möchte gesund sterben", sagte zu mir vor Jahren eine Frau. Ich bin ehrlich, ich mußte erst einmal nachdenken. Dann dämmerte es mir, wie es sein kann, wenn man ständig Schmerzen hat und auf fremde Hilfe angewiesen ist. Tun Sie alles, um bis ins hohe Alter beweglich und selbständig zu bleiben. So haben Sie Freude an den Heilkräutern und an sich selbst.

Hier möchte ich noch etwas für die Ernährung anfügen. Lassen Sie, soweit es geht, das Salz beim Kochen weg. Da aber nichts schlimmer ist als ein fades Essen, würzen Sie mit heimischen Kräutern, sie sind Balsam für Magen und Darm.

Bedenken Sie stets, der Mensch ist ein Wunder. Gott hat alles so fein und sensibel eingeteilt. Jetzt liegt es an Ihnen, Ihren Körper entsprechend zu behandeln. Nichts ist selbstverständlich! Dies gilt auch für die Natur und eben unsere Kräuter, mit denen Sie wie mit einem Schatz umgehen sollten. Seien Sie dankbar für dieses Geschenk. So sind wir eine Einheit mit der Natur und können auch entsprechend mit ihr umgehen und sie schätzen. Ich bitte Sie sehr herzlich, lesen Sie das ganze Büchlein, dann finden Sie, was Ihnen gut tut und was Sie speziell brauchen können.

Sammeln, aufbewahren und zubereiten

Die Art des Sammelns ist sehr wichtig. Alles sollte bis zum Mittag geschnitten oder gepflückt werden, denn fast alle ätherischen Öle in den Kräutern ziehen sich im Laufe des Nachmittags zurück und bilden sich jede Nacht neu. Die höchsten Werte sind zwischen 10 und 12 Uhr (Normalzeit) vorhanden.

Lassen Sie auch überall noch einen Teil der Pflanze stehen, damit Sie im nächsten Jahr wieder Ihre Freude haben werden. Nehmen Sie auch keine Plastiktaschen, sondern am besten einen Korb oder eine Papiertasche. Ich wasche meine Kräuter nicht, sie verkleben, vermatschen und fangen an zu schimmeln. Zu Hause angekommen, nehmen Sie flache Obststeigen, legen sie mit Küchenpapier aus und breiten darin Ihre Kräuter aus. Sie brauchen nur den Platz einer Steige. Alle anderen können Sie übereinander stapeln. Man muß nur immer wieder nachschauen und die Kräuter umdrehen.

Eine Grundbedingung ist, die Pflanzen im Schatten zu trocknen. Ich gebe auch nichts in Büchsen oder Gläser, da es dort dann doch schimmelt, falls es noch nicht ganz trocken ist. In den Geschäften gibt es die braunen Papiertaschen mit Henkel. In diese Taschen fülle ich das getrocknete Kraut und verschließe sie mit Wäscheklammern. Auf diese Weise können Sie alles auf eine Besenstange aufreihen, was speziell für Leute mit einer kleinen Wohnung von Vorteil ist. Die Kräuter haben Luft, verstauben aber nicht.

Die übrigen Stiele binde ich zu Sträußen und trockne sie ebenso im Schatten. Sobald auch sie ganz trocken sind, können Sie alles kleinschneiden oder -brechen und in ein großes Kissen füllen (etwa 4 bis 5 cm). Wenn Sie die Kräuter gemischt haben, können Sie sie für „Wohltätigkeitsbäder" verwenden. Ich nenne diese Bäder so, weil man sich wirklich etwas Gutes tut und sich am nächsten Tag wie neugeboren fühlt.

Für ein Wohltätigkeitsbad nehme ich zwei Hände voll von diesen verschiedenen Kräuterresten (können auch alte Tees vom letzten Jahr sein, nichts wegschmeißen), koche sie zehn bis 20 Minuten in etwa zwei Litern Wasser, lasse das Ganze ein paar Stunden stehen und gebe es dann ins Badewasser. Wer es stärker haben will und sehr erschöpft ist, schüttet noch eine viertel Flasche Retterspitz-äußerlich (in Apotheken) hinein. Nach 20 Minuten steigen Sie aus der Wanne, trocknen sich kurz ab und gehen gleich ins Bett.

Oftmals kann man schwitzen. Dies ist aber ein gutes Zeichen. Sie müssen nur wieder mit Flüssigkeit auffüllen – trinken Sie also viel! Das ist praktisch eine Reinigung. Wer sehr viel Flüssigkeit ausscheidet, muß immer wieder mit Magnesium, Kieselerde und Enzymen auffüllen. Besonders in Birkenblättern ist fast alles enthalten.

Besonders bei Schuppenflechte (Psoriasis) oder Hautallergien bringt ein solches Bad und das anschließende Schwitzen große Hilfe. Am nächsten Morgen sollten Sie die betroffenen Hautpartien mit Johanniskrautöl oder Ringelblumensalbe leicht einreiben (selbst ausprobiert).

Noch etwas zum Tee: Frische Kräuter haben einen stärkeren Heilwert als getrocknete. Jedoch benötigen Sie von den frischen Kräutern die dreifache Menge. Ich schneide die frischen Kräuter in etwa 2 cm große Stücke. Den Tee bereite ich genauso zu wie sonst. Die schon getrockneten Kräuter zerkleinere ich vor der Teebereitung total, da der Tee dann besser durchzieht und Sie mehr davon haben.

Geben Sie erst die Kräuter in den Topf und schütten Sie dann erst ungefähr einen Liter kochendes Wasser dazu. Lassen Sie den Tee höchstens eine Minute kochen, währenddessen drücken Sie die Kräuter mit einem Schaumlöffel ab, damit nichts überläuft. Anschließend lassen Sie den Tee zehn Minuten ziehen. Wichtig ist, den Tee nur schluckweise zu trinken und mit Honig zu süßen. Die Organe nehmen sich nur, was sie im Moment brauchen. Trinken Sie zu viel auf einmal, läuft es ungenützt durch den Körper.

Holen Sie sich alle Kräuter zum richtigen Zeitpunkt – jung, frisch und nicht vom sauren Regen verdorben.

Denken Sie daran, daß Sie – wenn Sie ausschwemmen – wieder mit Magnesium, Kieselerde und Enzymen auffüllen müssen.

Die Heilkräuter

Apfel

Der Apfel enthält mindestens 18 verschiedene Wirkstoffe, die geeignet sind, Ihren Körper zu kräftigen. Besonders gut ist der Apfel für Magen und Verdauung. Ein Apfel reguliert alles.

Essen Sie zur Vorbeugung schlimmer Krankheiten (Krebs) täglich zwei Äpfel, einen am Vormittag, einen am Nachmittag. Essen Sie wegen der absoluten Darmreinigung den ganzen Apfel, auch das Kernhaus. Nur Blüte und Stiel müssen Sie großzügig herausschneiden. Untersuchungen unter dem Mikroskop haben ergeben, daß sich darin aufgrund des sauren Regens und der chemischen Schädlingsbekämpfung viele Giftstoffe befinden. Ich empfehle, den Apfel gut mit warmem Wasser zu waschen. Auch wenn er aus dem eigenen Garten kommt, da die Luft doch viele Schadstoffe enthält.

Wer das Glück hat, einen Obstgarten zu besitzen, der sollte aus Fallobst Apfelschnitz oder Scheiben, aus Apfelschalen einen Tee zubereiten (im Backofen – einen Spalt offen lassen – trocknen). Beides tut Ihrem Körper gut, da die Frucht nicht gespritzt ist.

Bärlauch

Als Erster im März/April erwacht der Bärlauch aus dem Winterschlaf. Er kommt zur richtigen Zeit, wenn der Körper vom Winter her zur Entschlackung bereit ist und dringend wie nie sonst im Jahr nach frischem Grün verlangt. Gehen Sie hinaus, und suchen Sie an feuch-

Bärlauch (*Allium ursinum*)

ten Stellen wie Gräben und Waldrändern nach dem köstlichen Blatt. Es ähnelt dem Maiglöckchenblatt, doch ist es alleinstehend, auch glänzend und hellgrün und riecht stark nach Knoblauch. Nicht verwechseln darf man den Bärlauch mit der Herbstzeitlosen (**Achtung: hochgiftig!**).

Zwiebel des Bärlauchs

13

Maiglöckchen (*Convallaria majalis*)

Sammeln Sie den Bärlauch ebenso wie alle anderen Kräuter am Vormittag. Waschen Sie die Blätter, schneiden Sie sie klein und geben Sie sie aufs Butterbrot mit etwas Kräutersalz. Sie fühlen sich schon beim Essen gereinigt. Man kann damit auch Salate, Suppen und jedes Essen würzen.

Gibt es reichlich Bärlauch, holen Sie sich sehr viel, waschen ihn in einer Wanne, drehen ihn durch den Fleischwolf, geben ihn in kleine Schraubgläser und frieren ihn ohne Zutaten ein (Vorsicht, nicht in Plastik oder Tupperware, sonst riecht der ganze Gefrierschrank). Nun haben Sie Vorrat für das ganze Jahr. Kleingeschnitten und eingefroren schmeckt Bärlauch aus Erfahrung nicht. Jedoch kleingeschnitten und in klarem Schnaps angesetzt, sechs Wochen in die Sonne bzw. Wärme gestellt, „lüften" täglich zweimal zwölf Tropfen (ein halber Teelöffel) in etwas Flüssigkeit das Gehirn und verhindern die Verkalkung. Außerdem reinigt Bärlauch: Leber, Magen, Darm, Niere, Galle und Blut und wirkt blutdruckausgleichend.

Ein Glas mit durchgedrehtem Grün habe ich stets im Gefrierfach vom Kühlschrank. Bei jeder Mahlzeit kratze ich mit einem spitzen Messer oder Apfelstecher etwa einen Teelöffel voll heraus und gebe es in Salat- oder andere Soßen. Aufs Butterbrot, im Quark oder „Obatzden" schmeckt Bärlauch besonders gut. Sie können auch Bärlauchbutter machen.

Später, wenn sich Blütenknospen bilden, haben die Blätter keine Wirkung mehr. Ist aber die Knospe voll erblüht, wird sie gepflückt und in trockenem Weißwein angesetzt. Man gibt die Blüten etwa zu einem Drittel in eine weithalsige Flasche, füllt mit Wein auf, und stellt die Flasche dann etwa sechs Wochen in die Sonne bzw. Wärme. Danach tut ein Likörglas pro Tag als Aperitif Magen und Darm sehr gut.

Der Bärlauch zieht sich bis August völlig zurück. Man findet nichts mehr von ihm.

Herbstzeitlose (*Colchicum autumnale*)

14

Bärlauchtinktur

xis, was auf den starken Jodgehalt zurückzuführen ist. Sie ist meines Wissens die einzige Pflanze mit natürlichem Jod. Aber nehmen Sie bitte nicht zuviel auf einmal zu sich, die Wirkung kann ins Gegenteil umschlagen. Sollten Sie eine Reizung an der Blase verspüren, essen Sie für kurze Zeit keine Kresse mehr. Sie können die ganze Pflanze ohne Wurzel von Mai bis September ernten. Ich würde sie nicht trocknen, sondern gut waschen, kleinschneiden und einfrieren.

Die Brunnenkresse enthält Senföle, Vitamin A, B2, C und E sowie Mineralsalze.

Man kann die Pflanze für innerliche und äußerliche Anwendungen benützen, z.B. bei Akne, Appetitlosigkeit und Bronchitis. Sie reinigt das Blut und ist gut für Haare und Haut. Auch das Chlorophyll ist wichtig für Ihr Blut.

Jodmangel!

Wer aber die Stelle weiß, kann Ende November nachgraben und die Zwiebeln heimholen. Auch sie müssen gewaschen, geputzt und kleingeschnitten werden. Dananch kann man sie mit klarem Schnaps ansetzen. Die Flüssigkeit enthält bereits wieder die ganze Kraft fürs Frühjahr. Übrigens, getrocknet hat der Bärlauch jede Kraft verloren. Frisch verarbeitet enthält er reichlich Vitamin C, ätherische Öle, Schleim, Mineralstoffe und Chlorophyll. Ich bin der Meinung, unserem Körper liefert er mehr Wirkstoffe als Knoblauch. Auch riecht er nicht solange nach.

Wir sollten überhaupt mit Gewürzen leben, die bei uns wachsen und dadurch auch für unseren Organismus verträglicher sind.

Blutdruckausgleichend, organreinigend, Verkalkung

Brunnenkresse

Es liegt mir sehr daran, daß Sie mit Kresse leben. Die Gartenkresse ist auch gesund, jedoch nicht so kräftig wie die Brunnenkresse. Sie riecht sehr stark nach Arztpra-

Brunnenkresse (*Nasturtium officinale*)

15

Huflattich

Der Huflattich ist als hervorragendes Hustenmittel bekannt. Er hat gute Eigenschaften. Im Frühjahr – ziemlich als erste – kommen die Blüten wie lauter kleine Sonnen. Holen Sie die Köpfchen, trocknen Sie sie schnell im Schatten, damit sie nicht ausblühen, sonst haben Sie lauter Flaum. Damit aber nicht genug: Sie können den ganzen Sommer lang die Huflattichblätter holen. Am kräftigsten sind die jungen, vielleicht handtellergroßen, die noch vorne und hinten weiß sind. Wenn die Blätter getrocknet sind, werden sie hart wie Papier. Schneiden Sie sie klein, und riechen Sie daran, so wissen Sie spätestens jetzt, daß sie gut für die Bronchien sind und gegen Husten wirken. Sogar bei Asthma hilft Huflattich vermischt mit Lungenkrauttee. Zerkleinerten und getrockneten Huflattich könnte man auch in der Pfeife rauchen. Blüten nimmt man nur für Tee (ausprobiert).

Huflattich (*Tussilago farfara*)

Schöne große Blätter, die nicht zu sehr zerfressen sind, können Sie waschen, kurz brühen und dann wie bei Krautrouladen auslegen, mit Hackfleisch (oder für Vegetarier mit anderen feinen Füllungen) belegen, einrollen, in eine flache Form schichten und im Backofen dünsten. So haben Sie auch für Ihre Gesundheit etwas getan. Es schmeckt herb, aber mit etwas Rahm übergossen und gut gewürzt ist das ein vorzügliches Essen.

Die große Verwandte des Huflattichs ist die Pestwurz, die zur gleichen Zeit blüht. Man kann sie wie Huflattich verwenden. Sie enthält auch ätherische Öle, Harz, Schleimstoffe, Gerbstoffe und Inulin (stärkeähnliche Verbindung aus Fruchtzucker). Ich nehme auch davon Blüten, Blätter und Wurzeln. Bei Gelenkschmerzen muß man die Blätter mit einem Nudelholz oder Bügeleisen saftig machen und damit Umschläge auf die schmerzenden Gelenke und Wunden geben. Innerlich helfen die Blätter bei Gallen- Magenproblemen sowie bei Husten und Zahnschmerzen. Doch der Weg zum Zahnarzt muß trotzdem sein. Pestwurz und Huflattich können bei Vergiftungskopfschmerzen mit der rauhen Seite über Nacht auf die Stirn gebunden werden.

Bronchialasthma, Gelenkschmerzen, Vergiftungskopfschmerzen

Scharbockskraut

Nach schneearmen Wintern kommt das Scharbockskraut schon sehr bald aus dem Boden. Es hat runde glänzende Blättchen. Sie sollten das Kraut bald pflücken und in den Salat geben. Der Geschmack ist angenehm mild. Allerdings muß die Pflanze vor der Blüte geerntet werden,

Scharbockskraut (*Ranunculus ficaria*)

Gänseblümchen

Sie brauchen im Frühjahr nicht lange zu warten bis das Gänseblümchen überall blüht, und zwar den ganzen Sommer lang bis in den Herbst. Sooft Sie auch mähen, nach einigen Tagen ist es wieder da. Auch da nehme ich nur die frei wachsenden, nicht die veredelten Garten-Gänseblümchen. Stets sollten Sie aber darauf achten, daß Sie keine gedüngten Wiesen als Ernteplatz haben.

Das Gänseblümchen enthält wertvolle Stoffe wie Gerbstoffe, Schleim, Saponine, Bitterstoffe (gut für die Galle) und ätherische Öle.

Man kann die Pflanze innerlich und äußerlich verwenden. Innerlich – also aufs Butterbrot oder in den Salat – helfen Blüten und Blätter bei Angina, Asthma (fördern den Auswurf), Bronchitis und bei schmerzenden Monatsblutungen. Sie wirken harntreibend und blutreinigend. Äußerlich – mit dem Nudelholz auf einem Tuch gequetscht für Umschläge –

aber bitte nicht zuviel auf einmal. Nach der Blüte kann man noch die Wurzelknöllchen hernehmen. Sie sind an den Wurzeln fast an der Oberfläche zu finden. Das Scharbockskraut breitet sich wie ein Teppich auf der noch kargen Wiese aus. Die gelben Sterne sind wunderschön anzusehen. Es ist eine Augenweide nach der langen Winterzeit. Bitte nicht ausrotten, es verschwindet von selbst in ein paar Wochen.

Das Scharbockskraut enthält Vitamin C, ätherische Öle und Saponine*. Es hilft bei Entzündungen, lindert den Schmerz, speziell bei Hämorrhoiden, überhaupt bei Venenleiden oder Krampfadern. Sie können es innerlich und äußerlich verwenden.

Entzündungen im Körper, Hämorrhoiden, Venen

---

* Saponine sind pflanzliche Glykoside, die zusammen mit Wasser einen haltbaren Schaum ergeben, Öl in Wasser emulgieren und eine hämolytische Wirkung besitzen, also den roten Blutfarbstoff aus den roten Blutkörperchen austreten lassen.

Gänseblümchen (*Bellis perennis*)

hilft das Gänseblümchen bei Verstauchungen, Wunden, Hautausschlägen und Furunkeln.

Zusammen mit Löwenzahn, der ebenfalls zu dieser Zeit kommt, unterstützt das Gänseblümchen die geschädigte Leber.

Angina, Asthma, Bronchitis, harntreibend, blutreinigend, schmerzende Monatsblutungen

Löwenzahn

Sobald die Natur erwacht und der Mensch schon wieder mit dem Rasenmäher unterwegs ist, holen Sie sich vorher die 5 bis 7 cm langen jungen Löwenzahnblättchen. Nachdem Sie sie gewaschen haben, legen Sie sie eine Stunde vor dem Essen in die Salatsoße. Dann sind sie niemals bitter. So reinigen Sie täglich Ihr Blut und fördern zugleich die Blutbildung. Das Blut fließt besser durch Ihre Adern, wodurch Sie vor Verkalkungen und Ablagerungen geschützt sind.

Löwenzahn (*Taraxacum offcinale*)

In ein paar Tagen wachsen schon wieder neue Blätter nach, und so können sie den ganzen Sommer für die Blutreinigung sorgen.

Wenn der Löwenzahn blüht, pflücken Sie die Blüte und kochen mit den Fichtenspitzen, die zur gleichen Zeit kommen, einen Honig gegen Husten (Rezept auf S. 26).

Die Röhrchen des Löwenzahns sind nicht giftig, auch nicht die Milch. Nur Kinder sollten nicht so viel davon essen. Die darin enthaltenen Bitterstoffe sind besonders gut für Leber und Galle. Gallengries und kleine Steine können aufgelöst oder abtransportiert werden.

Im Herbst, wenn Sie ausgewachsene Löwenzahnpflanzen finden oder im Garten haben, sollten Sie die Wurzel ausstechen, waschen, putzen, kleinschneiden, in Schnaps (stets klaren Schnaps verwenden) ansetzen und tropfenweise einnehmen. Oder trocknen Sie die Wurzeln und drehen sie durch eine alte Kaffeemühle. Das Pulver können Sie dann in geringen Mengen übers Essen streuen. Es löst Ablagerungen in den Gelenken auf.

Man kann die Gelenke auch mit der Tinktur nach einem Wohltätigkeitsbad einreiben.

Gallengries oder kleine Steine, Gelenke, Ablagerungen, blutreinigend, Blutbildung

Brennessel

Beginnen Sie das Frühjahr mit der Brennessel. Sie ist wirklich die größte aller Heilkräuter und hilft einfach für „Alles".

Ganz kleine, vielleicht 5 bis 6 cm große Pflanzen holen Sie aus dem Garten, wa-

Brennessel (*Urtica dioica*)

schen sie und schneiden sie klein. Sie tut Ihnen nichts, auch darf sie brennen. Rösten Sie die Blätter in etwas Butter oder anderem Fett (kein Öl). Erst wird sie ganz mild und hellgrün, aber dann wird sie rösch wie geröstete Zwiebeln. Geben Sie noch etwas Kräutersalz hinzu, und schon haben Sie die herrlichste Beilage zu Kartoffelpüree, Suppe oder Salat. Es schmeckt köstlich, und Sie haben die ganze Pflanze mit dem Chlorophyll. Geröstete Brennesseln mit Kräutersalz, vermischt mit in etwas Butter gerösteten Nudeln – ich bin sicher, Sie brauchen kein Fleisch. Als Beilage eignet sich hier vorzüglich Salat. Sie können die Brennessel den ganzen Sommer verwenden. Immer die Spitze brechen, so haben Sie stets aus den Achseln neue Triebe.

Man kann auch die Brennessel brühen, das Wasser (also Tee) trinken, die gebrühte Nessel kleinschneiden und ins Essen geben. So werden Sie sich niemals brennen.

Wenn die Brennessel richtig groß und erwachsen ist, pflücken Sie die Blätter

(mit oder ohne Handschuh), schleudern sie von Insekten frei und backen davon in Bierteig ein köstliches Gebäck (Rezept nachfolgend). Besuch und Familie freuen sich.

Später im Herbst, wenn sie circa 75 cm groß ist, sammeln Sie den Samen, trocknen ihn und schleudern ihn aus. Streuen Sie immer ein bißchen als Gewürz über das Essen. Die Brennessel selbst mit dem Stiel schneiden Sie unten ab und hängen sie zum Trocknen im Schatten auf. Das Feinere benutzen Sie als Tee, alles andere für Wohltätigkeitsbäder. Dies ist gut für Haut und Haare. Ganz spät im Herbst können Sie noch die Wurzel ausgraben, putzen, waschen, kleinschneiden und trocknen. Sie können sie durch die Kaffeemühle drehen und gepulvert übers Essen geben.

Sorgen Sie aber dafür, daß Sie immer noch genügend für das nächste Frühjahr im Garten haben. Sie werden überrascht sein, wie wenig Sie haben, wenn Sie sie stets benützen wollen.

Die Brennessel hilft bei Gicht, Rheuma, Gelenkentzündungen und -schmerzen, bei Magen- und Darmproblemen sowie bei Strahlenschäden. Sie wirkt blutbil-

Die Wurzel der Brennessel

Gebackene Brennessel sind eine Delikatesse

dend, -reinigend und -verdünnend (Schlaganfallprophylaxe). Als Haarwuchsmittel hat sich eine Haarpackung mit Brennesseln bewährt. Sie muß über Nacht einwirken und wird am nächsten Tag ausgewaschen.

Pfarrer KNEIPP hat schon seine Patienten nackt mit der Brennessel abgestrichen, und sie wurden geheilt. Ich kenne einen Mann, der sich drei Tage hintereinander in Brennesseln gelegt hatte, und dann niemals mehr Gelenkschmerzen verspürte. Versuchen Sie es wenigstens, wenn Sie Knoten an den Händen haben. Arbeiten Sie stets von innen nach außen. Haben Sie doch bitte Geduld.

Nun noch das Rezept der gebackenen Brennessel: Etwas Mehl, vielleicht drei Eßlöffel (Sie können auch gemahlenen Dinkel nehmen, das ist gesünder), ein Ei, etwas Bier, ziemlich flüssig (man muß es selbst ausprobieren), ein bißchen Kräutersalz und Pfeffer zusammenmischen, mit Quirl oder Schneebesen schlagen, das Brennesselblatt eintauchen, ausschleu-

dern, damit nicht zu viel Teig hängen bleibt, dann ins heiße Fett geben, umdrehen und nur kurze Zeit backen, damit es nicht zu dunkel wird. Abtropfen lassen, und Sie haben die schönsten Gebilde.

Nehmen Sie die Brennessel den ganzen Sommer. Ihre Haare werden es Ihnen danken. Ganz wichtig ist, daß Sie den Samen der Brennessel ins Essen geben. Er enthält wie die ganze Pflanze Histamin (natürliches Gewebshormon), Eisen, Kalk, Magnesium und Vitamin C.

Gicht, Rheuma, Gelenkentzündungen, gelenkausschwemmend, blutreinigend, blutbildend, Blutverdünnung, Magen- und Darmprobleme, Strahlenschäden, Haarwuchsmittel

Schlüsselblume (Primel)

Die Schlüsselblume ist einer der ersten Frühlingsblüher. Es gibt zwei verschiedene Arten. Die heilkräftigere ist die sogenannte Maiblume. Sie hat ein dunkleres Gelb und blüht auch erst im Mai. Sie liebt ganz kargen Boden. Aber auch die blaßgelbe weit verbreitete Primel hat große Heilwerte.

Beide Arten sind geschützt. Wenn Sie aber einen Garten haben, wissen Sie wohl, wieviel Sie sich holen können, damit die Pflanze im nächsten Jahr wieder blüht. Man braucht auch die Wurzel. Sie wirkt speziell bei Bronchitis und starkem Husten, fördert extrem den Auswurf. Kochen Sie einen Teelöffel zerkleinerte Wurzel – natürlich gesäubert – etwa fünf Minuten mit wenig Wasser. Nach dem Abseihen geben Sie so viel Honig oder besser Fichtenspitzenhonig dazu, daß eine sirupartige Masse entsteht. Davon neh-

Schlüsselblume (*Primula veris*)

men Sie täglich ein bis zwei Teelöffel zu sich.

Die Schlüsselblume enthält Saponine, Gerbstoffe, Kieselsäure, ätherische Öle und Mineralsalze.

Für den Tee nehmen Sie für drei Tassen, so viel sollten Sie trinken, zwei Teelöffel Blüten. Der Tee hat sich bei Husten, Migräne, Rheuma, Gicht und Bronchitis bewährt. Es genügt, wenn Sie den Tee fünf Minuten ziehen lassen.

Fürs Herz können Sie einen Herzwein bereiten. Füllen Sie eine weithalsige Flasche zu drei Viertel voll mit Blüten der Schlüsselblume, und gießen Sie mit trockenem Weißwein auf. Lassen Sie den Wein wenigstens sechs Wochen in der Sonne bzw. Wärme stehen. Dann trinken Sie täglich ein Likörglas dieses Weins. Sie können den ganzen Sommer die jungen frischen Blättchen holen und dazu geben.

Husten, Migräne, Rheuma, Gicht, Bronchitis, Herz

Weißdorn

Schon im Mai gibt es die Weißdornblüten mit ihren jungen Blättern, im Gegensatz zu den blätterlosen Blüten des Schlehdorns (Schwarzdorn), der fast zur gleichen Zeit blüht. Den Unterschied beider Pflanzen können Sie auch riechen: Weißdornblüten riechen fast penetrant, also sehr unangenehm.

Doch um so stärker ist die Wirkung. Sammeln Sie Blüten und Blätter, und setzen Sie beides in klarem Schnaps an. Nehmen Sie eine weithalsige Saftflasche, füllen sie zu einem Drittel mit Blüten und Kraut, gießen mit klarem, gutem Obstler oder sonstigem klarem Schnaps auf. Danach stellen Sie die Flasche sechs Wochen in die Sonne bzw. Wärme. Dann können Sie die Weißdorntropfen verwenden. Mit zunehmendem Alter sollte man jeden Morgen 25 Tropfen einnehmen. Sie öffnen die Koronarien (Herzkranzgefäße) für den ganzen Tag. Bedenkenlos kann

Weißdorn (*Crataegus oxyacantha*)

21

man dreimal pro Tag die gleiche Menge nehmen. Die Herzleistung wird verbessert.

Sie können bei leichteren Herzproblemen öfters für kurze Zeit den Jaspisstein auf die Herzgegend aufkleben. Sie müssen den Stein immer wieder mit kaltem Wasser ausleiten und ihn dann wieder trocken auflegen (ausprobiert). Oft hängen Herzrhythmusstörungen mit Völlegefühl zusammen. Arme hoch, hin- und herdrehen, daß Sie aufstoßen können.

Getrocknete Blüten und Blätter können Sie für Tee verwenden. Holen Sie aber alles, wenn es jung und frisch ist, solange die Pflanzen noch keine Schadstoffe aus der Luft aufgenommen haben. Bitte beachten Sie, Tee aus Kraut ist stärker.

Die Wirkstoffe des Weißdorns sind Flavonoide, Säuren und Amine. Er reguliert den Blutdruck.

Herzprobleme

Esche

Die Esche gehört zu den Ölbaumgewächsen. Es gibt aber nur wenige Arten in Europa. Versäumen Sie nicht, die jungen Blätter im Frühjahr, sobald sie in Bü-

Esche (*Fraxinus excelsior*)

scheln herauskommen, abzubrechen und zu trocknen. Man kann auch die Samen dazunehmen. Keine Angst, die treiben noch einmal aus.

Die Esche enthält Zucker, Harz, Gerbstoffe, Vitamin C und P, Farbstoffe und Mineralsalze.

Beim Trocknen werden die Blätter unansehnlich und hart. Man sollte sie erst beim Verbrauch zerkleinern.

Wenn ich Ihnen sage, daß die Esche gegen das Altern hilft, werden Sie sie sicher im nächsten Frühjahr sammeln. Sie hat aber noch andere Eigenschaften. Sie hilft bei Gicht, Rheuma, Neuralgie, Steinerkrankungen, Zellulitis, zu viel Cholesterin, Fettleibigkeit und Verstopfung und wirkt harntreibend.

Es lohnt sich also, gleich im Mai zu beobachten, wann die Esche austreibt.

Bringen Sie täglich einen gehäuften Eßlöffel getrockneter Blätter (dreifache Menge bei frischen Blättern) mit einem viertel Liter Wasser zum Sieden und lassen Sie es drei Minuten ziehen. Trinken Sie zwei Wochen lang zwei Tassen pro Tag, setzen dann jedoch wieder aus.

Gicht, Rheuma, entwässernd, Cholesterin, Fettleibigkeit, Zellulitis, Neuralgie, Verstopfung, Altern.

Birke

Sobald die ersten Birken blühen und einigermaßen ihre Größe erreicht haben, gehen Sie hin und streifen Sie die Blättchen ab. Sie sind fast klebrig. Jetzt sind sie noch ganz sauber. Sie tun der Birke nichts an, denn ich habe beobachtet, daß nach sechs Wochen neue Blätter kommen.

Bereiten Sie die Blätter als Essensbeilage zu. Geben Sie die Blätter mit etwas Butter in die Pfanne – möglichst in eine unbeschichtete Eisenpfanne. Während des Umrührens werden die Blätter sehr schnell rösch. Streuen Sie die Blätter mit ein wenig Kräutersalz über das Essen, z.B. Nudelgerichte, Kartoffelpüree, Salate oder Auflauf. Die Blätter haben einen herben Geschmack, sie schmecken jedoch nicht bitter. Es bleibt Ihnen überlassen, auf alle Fälle sind sie zugleich ein gutes heimisches Gewürz.

Die Birkenblätter enthalten eigentlich so ziemlich alle Stoffe, die Ihr vielleicht ausgelaugter Körper braucht, z.B. Kalium, Kalk, Magnesium, Phosphor, Jod, Eisen, Natron, ätherische Öle. Alle diese Stoffe, die Sie beim Teetrinken ausschwemmen, d.h. verlieren, füllen Sie mit den Birkenblättern wieder auf. Daher mein Rat, nehmen Sie für meinen 6er Tee stets die doppelte Menge Birkenblätter.

Für Tee sammeln Sie die schon etwas dunkleren grünen Blätter. Sie können die Blätter den ganzen Sommer holen. Jedoch empfehle ich Ihnen, sie wegen der starken Luftverschmutzung sobald wie möglich zu ernten. Breiten Sie alles in Obststeigen – ausgelegt mit Küchenpapier – aus. Sie sollen trocken sein, da sie sonst verkleben und ganz schnell schimmeln. Das wäre schade. Man muß die Blätter oft umdrehen, sie trocknen aber sehr schnell. Sie können die getrockneten Blätter in Papiertaschen aufbewahren.

Birkenblättertee ist gut für die Galle (besonders wegen der Bitterstoffe), zum Ausschwemmen der Ablagerungen in Gelenken, für die Blutreinigung und -verdünnung (es fließt leichter durch die

Birke (*Betula pendula*)

Adern, der Schlaganfall wird verhindert). Bei Fettleibigkeit Tee oder einen Sud aus Birkenblättern für das Badewasser. Letzteres ist auch gut für die Haut. Birkenblättertee reinigt die Nieren. Nierengrieß und die schlechten giftigen Stoffe verlassen über den Urin den Körper. Auf diese Weise können Sie auch gegen Gicht und Rheuma angehen. Sie können auch die frischen Blätter quetschen und Ihre schmerzhaften Gelenke über Nacht damit einwickeln.

Für Ihr Haar ist es stets von Vorteil. Tee oder ein Sud für die Haarwäsche geben einen schönen Glanz.

Holen Sie sich also viele Birkenblätter, doch wegen des Gehalts an ätherischen Ölen am Vormittag.

Und noch eins: Verwechseln Sie die Birke nicht mit der Espe. Vergleichen Sie die Blätter, der Stamm ist leicht grau und die Espe hat andere Blätter und Samen.

Gicht, Rheuma, Nierengrieß, Ablagerungen, Ausschwemmen, blutreinigend, Haare

Heuschnupfen

Heuschnupfen ist eine Allergie. Sobald der Haselstrauch blüht, geht's schon los. Doch solange dürfen Sie mit der Vorbehandlung nicht warten. Gewöhnen Sie sich daran, das ganze Jahr über Honig zu essen, und zwar aus Pflanzen Ihrer näheren Umgebung. Dies ist das wichtigste, und man muß nur nachdenken, so sieht man schon den Zusammenhang: Biene, Pollen, Honig – der Kreis schließt sich. Es genügen zwei Teelöffel pro Tag. Wir haben es erprobt. Sie können sicher sein, daß es funktioniert.

Als Ergänzung können Sie noch Bienenwaben kauen. Sie bekommen sie im Reformhaus. Kauen Sie ein 2 cm großes Stück 20 Minuten lang, und spucken Sie es dann aus. Das ist auch gut für Stirn- und Nebenhöhlen.

Noch eine Erleichterung: Geben Sie zur Heuschnupfenzeit wenigstens zweimal täglich einen Eßlöffel Maisöl in Ihr Essen.

Taubnessel (*Lamium album*)

Taubnessel

Die Taubnessel gibt es in drei Farben, weiß, rot und gelb. Sie können alle verwendet werden. Am häufigsten wird die weiße Taubnessel aufgeführt. Es gibt Leute, die sie mit der Brennessel verwechseln. Aber nur ganz jung. Doch spätestens beim Anfassen oder am Geruch erkennen Sie den Unterschied.

Seien Sie aber nicht kleinlich, und pflükken Sie alles von der Taubnessel. Ganz jung ist sie sehr schmackhaft, kleingeschnitten in Salat oder Gemüse. Den Rest trocknen Sie im Schatten. Es dauert länger. Sie müssen die Pflanzen öfter durch-

schütteln, sonst schimmeln sie. Frisch ist die Taubnessel wertvoll, da sie reich an Vitaminen, Faserstoffen, Mineralstoffen, Gerbstoffen und ätherischen Ölen ist.

Als Salat- und Gemüsebeilage oder als Tee hilft sie Ihrem Körper bei Blasenentzündung, Weißfluß, Hämorrhoiden, Krampfadern und Haarproblemen. Die Taubnessel wirkt blutreinigend und entzündungshemmend, speziell bei uns Frauen.

Bei Prostataproblemen und Schmerzen beim Wasserlassen, sollten Sie Taubnesseltee mit Weidenröschen mischen.

Die Taubnessel gibt es von April bis September, das blühende Kraut jedoch nur im Frühjahr. Also müssen Sie sehr früh so viel Taubnessel wie möglich sammeln, allein schon wegen der Reinheit. Man kann aber das Kraut den ganzen Sommer holen.

Weißfluß, Hämorrhoiden, Krampfadern, Haare, blutreinigend, entzündungshemmend

Querverweis: Taubnessel, Anhang

Ruprechtskraut
(Stinkender Storchenschnabel)

Man kann das Ruprechtskraut während des ganzen Jahres ernten. Natürlich ist es wirkungsvoller, wenn Sie das blühende Kraut sammeln können. Auf steinigen Plätzen und Mauern, also auf kargen Böden, ist das Kraut bräunlich, auf Wiesen dagegen grün. Sie brauchen aber nur daran zu riechen, so wissen Sie, was zusammengehört. Es heißt auch Geranium. Zu erkennen ist es am Samen, der wie ein Storchenschnabel aussieht.

Äußerlich kann man durch Auflagen sehr große Hilfe erwarten, besonders bei Ohrproblemen. Das frische Kraut um den Hals geschlungen oder zusammengerollt aufs Ohr gelegt und eingebunden bringt schnelle Linderung. Sobald es trocken ist, sollte man es erneuern. Sie können auch das frische Kraut in ein kleines Kopfkissen füllen und über Nacht drauf schlafen.

Sammeln Sie das Kraut, schneiden es klein und füllen damit eine weithalsige Flasche zu etwa einem Drittel. Dann gießen Sie mit klarem Schnaps (Obstler) auf und stellen die Flasche mindestens zwei, besser sechs Wochen in die Sonne bzw. Wärme. Dann können Sie die Tinktur für Ihre Ohren verwenden.

Sie tauchen ein Ohrstäbchen in die Tinktur, streichen leicht den Gehörgang ein – nicht zu tief. Ebenso streichen Sie die Ohrmuschel ein und großzügig die Partien vor und hinter dem Ohr. Verlieren Sie nicht die Geduld. Sie müssen das längere Zeit machen. Ferner habe ich noch eine Akupressur entwickelt. Drücken Sie beide Mittelfinger in die Ohren, und schlucken Sie gleichzeitig. Das machen

Ruprechtskraut (*Geranium robertianum*)

Sie ungefähr fünfmal. Man kann das beliebig wiederholen.

Ich bin der Meinung, daß das Ohrensausen auch eine Wohlstandskrankheit ist. Wir kauen zu wenig. Der Mensch schlingt das Essen hinunter. Dadurch ist verständlich, daß die Durchblutung im Innenohr verkümmert. Auch wenn Sie nichts im Mund haben – kauen Sie trotzdem. Wissen Sie, daß man jeden Bissen 32mal kauen sollte? Somit speicheln Sie schon das Essen für den Magen vor, und Sie tun etwas für Ihr Innenohr. Ich bin sicher, daß es Ihnen etwas bringt.

Ruprechtskraut enthält Gerbstoffe, Bitterstoffe (gut für die Galle), ätherische Öle und organische Säuren. Der Tee hilft bei starker Periode und Kinderwunsch. Zubereitung: Zwei Teelöffel getrocknetes Kraut für einen viertel Liter Wasser. Trinken Sie täglich zwei Tassen.

Der Storchenschnabel überwintert, kann also das ganze Jahr geschnitten werden. Doch besser ist das blühende Kraut.

Kürzlich habe ich gehört, daß Fagorutin (ein Tee) mit Erfolg angewendet wird.

Ohrensausen (Tinitus), Kinderwunsch, starke Periode

Fichtenspitzenhonig

Jedes Jahr im Mai kommen bei allen Koniferen die jungen Triebe. Am aromatischsten sind die Fichtentriebe. Vielleicht haben Sie eine Hecke um Ihr Grundstück, so können Sie die weichen hellgrünen Spitzen pflücken. Oder Sie haben einen guten Nachbarn, denn geschnitten muß die Hecke ja doch werden. So sehr viel braucht man ja gar nicht, um sich für ein Jahr einzudecken.

Sie haben das beste Hustenmittel, das Sie sich denken können. Geben Sie die Fichtenspitzen in einen Topf, füllen Sie mit kaltem Wasser auf, so daß alles bedeckt ist. Lassen Sie alles eine Nacht stehen. Am nächsten Tag kochen Sie die Mischung eine Stunde lang. Dann müssen Sie es noch einmal eine Nacht stehen

Fichte (*Picea*)

lassen. Am nächsten Tag drücken Sie die Masse durch ein Tuch, ganz fest ausdrükken, wie roher Kartoffelknödelteig. Verrühren Sie jeweils einen Liter des milchigen Safts mit 400 g braunem Kandiszukker. Dann lassen Sie die Mischung fünf bis sechs Stunden köcheln, bis sie dickflüssig ist. Anschließend füllen Sie die Mischung heiß in Gläser. Diese Anweisung muß unbedingt befolgt werden, sonst hält sich der Honig nicht. Verschließen Sie die Gläser fest. So hält sich der Hustenhonig viele Jahre.

Werfen Sie die ausgedrückten Fichtenspitzen nicht weg, sondern kochen Sie sie nochmals mit Wasser, schütten sie durch ein Sieb ins Badewasser. Damit läßt sich eine Erfrischungsbad zubereiten.

Da zur gleichen Zeit der Löwenzahn blüht, können Sie dafür halb Löwenzahnblüten halb Fichtenspitzen nehmen. Ansonsten bleibt die Zubereitung wie oben. Der Honig schmeckt hervorragend und besitzt große Heilkräfte.

Husten, Bronchitis

Holunderbusch

Aus früheren Zeiten weiß ich noch, daß man vor einem Holunderbusch den Hut abnimmt. Vom Frühjahr bis zum Herbst trägt er zu unserer Gesundheit bei. Holen Sie sich die jungen Blätter und Blüten, bevor sich Insekten und Läuse niederlassen. Trocknen Sie einen Teil davon für Tee zum Schwitzen. Der Tee wirkt auch blutreinigend, vor allem im Frühjahr. Wer Geschwüre oder Verletzungen hat, kann die gequetschten Blätter mit Spitzwegerich auflegen. Frische Blütendolden ergeben ein herrliches Erfrischungsgetränk (Rezept am Schluß).

Frische rohe Holunderbeeren sind giftig. Ich kenne mehrere Leute, die davon sehr krank geworden sind. Doch als Kompott, Gelee oder Saft sind die Beeren vorzüglich für den ganzen Körper, z. B. Saft bei Gürtelrose oder Erkältung (heißer Saft). Holunderbeeren reinigen auch die Leber. Das Gelee wird mit einem Gläschen Schnaps gekocht, das verstärkt den Geschmack. Ich wasche die Dolden und schneide mit der Schere die Beeren so ab, daß die feineren Rispen dranbleiben. So hat man auch noch einen weiteren Inhaltsstoff. Alles was der Holunderstrauch hergibt, ist auch für die Leber gut.

Erfrischungsgetränk: Drei Liter Wasser mit 200 g Fruchtzucker zehn Minuten kochen, dann abkühlen lassen. Zwei unbehandelte Zitronen in Scheiben schneiden und sechs bis sieben Blütendolden vom Holunder dazugeben. Alles am besten in ein Einweckglas mit Schnappverschluß füllen und kühl stellen. Verdünnt mit Wasser schmeckt es herrlich.

Grippe, schwitzen, Gürtelrose, Leber, Geschwüre

Schöllkraut

Das Schöllkraut dient hauptsächlich als Warzenkraut. Pflücken Sie ein Blatt mit Stiel. Es ähnelt einem Eichenblatt. Beim Brechen kommt orange-gelber Saft heraus. Machen Sie ein Salzbad, vielleicht zehn Minuten. Kurz abtupfen, dann desöfteren die Warze betupfen. Hören Sie nicht auf, bis die Warzen schwarz werden. Sie können auch die Wurzel ausgraben, brechen und den Saft benutzen oder die Wurzel an die Warze binden.

Das Schöllkraut hat aber noch andere Eigenschaften. Wer beginnenden grauen

Schöllkraut (*Chelidonium majus*)

Star hat, kann über Nacht ein gequetschtes Blatt auf die Augenlider legen und mit einem Tuch oder Stirnband festbinden. Sie können es auch nachts wiederholen. Machen Sie das über eine längere Zeit. Man kann auch den gelben Saft auf die Lider streichen, doch lassen Sie lieber nichts in die Augen tropfen (ausprobiert).

Wurzel des Schöllkrauts

27

Da das Schöllkraut Alkaloide (organische Verbindungen, Zellgift) enthält, sollte man den Hausarzt fragen, ob er einverstanden ist, bei Husten Schöllkrauttee zu trinken. Dabei lösen sich Krampfzustände. Ein Heilpraktiker kann Ihnen sicher auch Auskunft geben. Bitte trinken Sie nicht mehr als zwei bis drei Tassen täglich. Es genügen vier Teelöffel Schöllkraut für zwei bis drei Tassen.

Schöllkraut enthält noch Saponine, Farbstoffe und ätherische Öle. Es fördert dadurch die Gallensekretion, löst Krämpfe, wirkt abführend und blutdrucksenkend.

Sie können Schöllkraut das ganze Jahr frisch ernten, es überwintert auch.

Warzen, grauer Star, Krampfzustände, Galle, blutdrucksenkend

Beinwell, Beinwurz

Beinwellblätter werden oft mit Borretsch (Gurkenkraut) verwechselt. Ähnlichkeit besteht jedoch nur in den behaarten Blättern. Die Beinwellblüte hat weiß bis rosa oder lila gefärbte Glöckchen. Die Borretschblüte ist ein schöner blauer Stern.

Wer Beinwellblätter innerlich benützt, sollte nicht mehr als ein bis zwei pro Tag frisch in Suppe, Gemüse oder Salat geben. Mehr zu nehmen kann schädlich sein, da sie Allantoin (pflanzlicher Naturstoff) enthalten. Diese Menge schadet aber auf keinen Fall. Beinwellblätter wirken blutreinigend und -bildend. Auch das darin enthaltene Chlorophyll ist für Ihren Organismus gut.

Sie können die Blätter auch durch den Fleischwolf drehen, ohne Zusatz in Gläser füllen und einfrieren oder kleinschnei-

Beinwell (*Symphytum officinale*)

den und im Schatten trocknen. Man kann die Blätter für Tee oder Sudbäder (bei Durchblutungsstörungen) verwenden. Ganze Blätter, mit dem Nudelholz saftig gewalkt, eignen sich gut für Umschläge bei Gelenkschmerzen. Danach sollte man die Gelenke mit Ringelblumensalbe, Johanniskrautöl oder Gelenkschmiere aus Bad Wurzach einreiben.

Die Wurzel des Beinwells ist die *Beinwurz*, in der Schweiz *Wallwurz* genannt. Die Wurzel ist schwarz, innen weiß. Wenn man sie bricht, ist sie schleimig. Wer schlecht heilende Knochenbrüche hat, kann die Wurzel frisch quetschen, auf die Bruchstelle legen und mit einer Binde fixieren.

Sie können die Wurzel säubern, kleinschneiden, in der Dörre oder im Backofen trocknen und bei Bedarf durch die gute alte Kaffeemühle drehen – wenn möglich mit der Hand, da durch elektrische Erhitzung wertvolle Stoffe verlorengehen. Bitte essen Sie nur wenig davon. Was plötzlich zuviel ist, gibt der Körper wieder ab. Die Wurzel des Beinwells hilft bei Osteoporose (Knochenschwund).

Man kann auch Beinwurz-Pulver zu einem Brei verrühren und bei Knochenbruch auflegen, sobald der Gips oder feste Verband abgenommen ist.

Auch können Sie Salbe kochen. Wie bei allen Salben, nehme ich auch hier nur reines Schweinefett. Am wirkungsvollsten ist, wenn man gemahlene Wurzeln verwendet. Kochen Sie nach Gespür Fett und Pulver etwa zehn Minuten, lassen alles zwei bis drei Tage stehen, erwärmen es nochmals, seihen es durch ein Sieb mit Tuch ab, füllen die flüssige Salbe in kleine Gefäße und stellen sie kühl. Man kann die Wurzel auch frisch durch den Wolf drehen und Salbe davon kochen.

Den Rückstand im Tuch gebe ich in einen Plastikbeutel und friere ihn ein. Man kann dies für Auflagen benutzen, wenn etwas ähnliches wie oben angegeben eintritt. Lassen Sie nichts umkommen, es ist schade um alles.

Sammeln Sie die Blätter den ganzen Sommer. Die Wurzeln können Sie im Frühjahr und Herbst ausgraben.

Durchblutungsstörungen, Blutarmut, blutreinigend, Knochenbruch, Knochenschwund, Gelenkschmerzen

Beinwelltinktur

Lindenblüten

Ob Sommer- oder Winterlinde, beide sind heilkräftig. Sie kommen im Frühjahr auch nacheinander, so daß auch die Lindenblüten zu verschiedenen Zeiten geerntet werden können. Sammeln Sie die Blüten aber, sobald die Bienen dran waren. Ich habe beobachtet, daß die Linde sehr anfällig für Luftverschmutzung ist. Blüten und Blätter werden ganz schnell schwarz. Lassen Sie die Zweige aber am Baum. Überall findet man Linden, deren Blüten und Blätter reif zum Pflücken sind. Sie trocknen auch sehr schnell und riechen noch viele Jahre nach Honig.

Zu den Blüten nehmen Sie noch die Blätter von den Zweigspitzen und trocknen alles im Schatten. Außer als Schwitztee ist der Lindenblütentee für Ihren ganzen Körper gut, z.B. für Magen, Galle, Darm, Herzklopfen, Verschleimung der Lunge, Rheuma und Gicht. Sie sollten den Tee stets zur Hand haben. Der hohe Gehalt an ätherischen Ölen, Mangan (Schwermetall), Schleim und Gerbstoffen verspricht Heilung für innen und außen (Bäder).

Für den Sud kochen Sie eine Handvoll Blüten und Blätter zehn Minuten lang. Dann geben Sie den Sud ins Badewasser. Für Kinder ist dies das beste Schlafmittel. Wer Johanniskräuter hat, kann noch was dazugeben, da sie beruhigend wirken. Vielleicht können Sie den Körper anschließend mit Johanniskrautöl leicht einreiben. Wir haben dies mit Erfolg angewendet.

Für Erwachsene nimmt man eine alte Strumpfhose, füllt ein Strumpfbein mit Lindenblüten und -blättern und bindet vorne und hinten ab. Man legt sich mit der Strumpfhose ins Badewasser und reibt den Körper gut ab. Danach trocknet man sich möglichst nicht ab, sondern geht gleich ins Bett. Sie können noch etwas zu sich nehmen. Eine Stunde vor dem Bad sollten Sie ein Glas lauwarme Milch trinken sowie 20 g süße geriebene Mandeln und einen Teelöffel Honig essen. Für die Nacht stellen Sie sich das gleiche auf den Nachttisch.

Bei Erkältungen eignet sich Lindenblütentee als Schwitztee.

Schlafprobleme, Schwitztee, Magen, Rheuma, Gicht, Verschleimung

Spitzwegerich, Mittlerer Wegerich, Breitwegerich

Mit zu den ersten Kräutern gehört der Wegerich. Ob Spitz-, Breit- oder Mittlerer Wegerich, alle drei Sorten besitzen den gleichen Heilwert. Nehmen Sie stets die jungen Blätter, da sie am saubersten und nicht so durch die Luft verschmutzt sind.

Spitzwegerich (*Plantago lanceolata*),

Mittlerer Wegerich (*Plantago media*)

Auf alle Fälle müssen Sie die Blätter aber immer vorher waschen. Sie haben eine enorme Heilkraft bei offenen, auch älteren Wunden. Machen Sie die Blätter mit einem Eßlöffel oder Nudelholz saftig, legen sie auf, fixieren sie mit einer Binde und erneuern die Auflage nach eineinhalb Stunden. So heilen Wunden schnell. Ist die Verletzung oder Wunde hartnäckig, so kann man – da Honig das Reinste ist – etwas draufstreichen oder einen Tropfen Johanniskrautöl hinzugeben. Sie werden bald Erfolg haben. Hören Sie aber nie mit einer Behandlung zu früh auf, sonst kann die Wunde noch mal aufbrechen. Auch bei offenem Fuß ist der Wegerich hilfreich. Jedoch muß man sich auf alle Fälle auch von innen reinigen. Dabei helfen meine Heiltees, die Sie an anderer Stelle finden.

Der Wegerich hilft garantiert bei allen Insektenstichen (Mücken, Wespen, Bienen oder lästige Fliegen). Ich drehe ihn durch den Fleischwolf und friere ihn ein. So habe ich etwas vorrätig. Doch aufgetaut hält er sich nicht so lange.

Hilfreich ist der Wegerich bei Husten. Die Zubereitung: Den Wegerich pflükken, waschen, kleinschneiden, abwechselnd mit braunem Kandiszucker in einen Steintopf schichten. Wenn der Topf zu drei Viertel voll ist, legen Sie ein Tellerchen darauf und beschweren Sie den Topf mit einem Stein oder einem anderen Gegenstand. Kleben Sie Folie drauf und verschließen Sie alles fest mit Klebeband. Vergraben Sie den Topf für ein viertel Jahr im Gartenboden oder stellen Sie ihn in den kühlen Keller. Es geht Ihnen nichts kaputt.

Später können Sie einen schwarzen Rettich aushöhlen, in die Spitze ein Loch bohren, das Ausgehöhlte kleinschneiden, mit zerkleinerter Zwiebel (möglichst rot, sie ist stärker als die anderen) und etwas Wegerich mit Kandis vermischt auffüllen, die Kuppe darauflegen. Setzen Sie den Rettich auf ein Glas. Es dauert nicht lange, und Sie können zuschauen, wie die Flüssigkeit unten heraustropft. Was übrig bleibt, können Sie immer nachdrükken. Bei starkem Husten (auch bei Kindern) nimmt man den Saft teelöffelweise ein. Den Rest können Sie noch essen. Es dient auch Ihrer Gesundheit und innerer Reinigung.

Sie können Wegerich gut trocknen und für den Winter als Hustentee aufheben. Spitzwegerich enthält frisch natürliches Antibiotikum. Schneiden Sie zehn bis 20 Blätter klein, geben sie in ein Pfund Honig und stellen Sie das Gefäß den ganzen Sommer lang in die Sonne. Bei Husten geben Sie diesen Honig in den Tee oder essen ihn löffelweise. Das dient auch dem Blut. Ferner hat sich der Wegerich gut bewährt bei Zahnfisteln oder kleinen Geschwülsten. Ich weiß es, denn ich habe es mit Erfolg angewendet. Ich gebe auch öfters ein paar kleingeschnittene Blätter in die Salatsoße. Ihr Blut wird dadurch auch gereinigt. Erfolg verspricht auch eine Behandlung gutartiger Knoten mit aufgelegten Spitzwegerichblättern (ausprobiert bei Brustproblemen).

Insektenstiche, Verletzungen, Geschwüre, offene Beine, Husten, gutartige Knoten, Blutreinigung

Frauenmantel

Der Name sagt es schon, beim Frauenmantel geht es um den Unterleib der Frau. Sobald die Zeit des monatlichen Zyklus (Periode) kommt, sollte man – um Schmerzen vorzubeugen – Frauenmanteltee trinken. Man muß es nicht ständig machen. Wer Probleme hat, sollte bereits zehn Tage vor der Periode täglich zwei Tassen trinken (nur schluckweise). Ich würde auch ein wenig Schafgarbe beimischen.

Breitwegerich *(Plantago major)*

31

Frauenmantel (*Alchemilla vulgaris*)

Bei starken Blutungen oder unregelmäßiger Periode sollten Sie ebenfalls eine längere Zeit diesen Tee trinken. Wenn man in die Wechseljahre kommt, sollten Sie frühzeitig sowohl Frauenmantel- als auch Schafgarbentee trinken. Ich bin der Meinung, man sollte nicht alle Hitzewallungen unterdrücken, da sich der Körper so von vielen Giftstoffen befreit. Denken Sie an unsere Mütter und Großmütter.

Haben Sie die Möglichkeit selbst zu sammeln, nehmen Sie vom Frauenmantel die ganze Pflanze – ohne Wurzel – aber mit Blüte. Lecken Sie den Tautropfen ab, er tut Ihnen gut. Wer in die Berge geht, hat die Möglichkeit, den *Silbermantel* zu finden. Bei ihm ist jedes Blatt extra, hat einen silbrigen Rand und ist hinten silbrig behaart. Seine Wirkung ist stärker als die des Frauenmantels.

Wer an einem Leistenbruch leidet, sollte täglich diesen Tee trinken und die Stelle mit Rhizinusöl einreiben.

Geburt, Periode, Wechseljahre, Leistenbruch

Wiesenbärenklau

Der Wiesenbärenklau ist unscheinbar. Er wächst sehr häufig auf überdüngten Wiesen. Es ist nicht ratsam, ihn dort zu holen. Gehen Sie an Flußdämme, Waldränder, Raine, er wächst ganz sicher auch auf sauren Böden.

Der Bärenklau ist nicht zu verachten, selbst wenn er stark riecht. Bei der ersten Mahd, kommt noch keine Blüte, jedoch bei der zweiten. Die Blüte ähnelt der des normalen Schierlings, sie ist jedoch kräftiger. Der Geschmack ist scharf und würzig.

Man nimmt vom Bärenklau Blätter (auch Hasenfutter genannt), Wurzeln und Früchte. Man sagt ihm nach, daß er bei Impotenz hilft, blutdrucksenkend, verdauungsfördernd und anregend wirkt.

Äußerlich können Sie Bärenklau vielseitig verwenden. Sie sollten die Blätter stets mit dem Nudelholz saftig machen oder zu einem Brei mahlen. Bei Gelenkschmerzen, Verletzungen, Geschwüren

Wiesenbärenklau (*Heracleum spondylium*)

sind sie als Auflagen sehr heilsam. Da es fast immer eine Rötung nach einer Auflage gibt, sollten Sie die betroffenen Stellen auch hier mit Gelenkschmiere aus Bad Wurzach oder Ringelblumensalbe einreiben.

Innerlich verwendet man die Blätter vor der Blüte. Für Salate oder Gemüse nehmen Sie die jungen Triebe, sie sind milder. Sie können die Triebe auch kleingeschnitten in Weißwein ansetzen und 24 Stunden stehen lassen. Danach können Sie zweimal am Tage ein Likörglas davon zu sich nehmen.

Der Wiesenbärenklau hilft bei hohem Blutdruck. Er ist gut für Arterien, Verdauung, Menstruation und wirkt anregend. Ätherische Öle sind seine Hauptinhaltsstoffe.

Hoher Blutdruck, Arterien, Verdauung, Menstruation, Potenz

Hirtentäschel

Vom Hirtentäschel darf man nie zuviel verwenden. Der Name kommt wohl von den kleinen Täschchen, die den Samen beinhalten. Es wächst das ganze Jahr über auf kargem Boden. So sollten Sie nur das frische Kraut nehmen.

Es wirkt zusammenziehend (adstringierend) bei allen Blutungen, stillt das stärkste Nasenbluten. Bei Muskelschwund sollte man den Tee für längere Zeit in geringen Mengen trinken. Wer keine Möglichkeit hat, das Hirtentäschel zu sammeln, bekommt den Tee auch in Kräuterläden oder Apotheken.

In Verbindung mit Frauenmanteltee kann man Hirtentäscheltee während der Wechseljahre trinken.

Hirtentäschel (*Capsella bursa-pastoris*)

Das Hirtentäschel enthält Gerbstoffe, Kalium und organische Säuren.

Nasenbluten, Blutungen, Wechseljahre, Muskelschwund

Blutwurz (Tormentill)

Die Blutwurz wächst überall auf kargen steinigen, auch moosigen Böden. Sie ist ganz klein mit filigranen Blättchen. Die gelbe Blüte hat vier Blütenblättchen. Man nimmt aber nur die Wurzel. Es geht auch hier um den Farbstoff, daher der Name Blutwurz. Die Wurzel ist kurz und dick, je nach Alter der Pflanze. Sie sollten die Blutwurz entweder im Juni oder ab September holen. Lassen Sie bitte auch da etwas stehen, damit man im kommenden Jahr wieder etwas ernten kann. Sie benötigen auch gar nicht viel.

Ich nehme ein nicht zu großes Essiggurkenglas, wasche und putze die Wurzel, schneide sie in Scheiben, wobei sich die

Blutwurz (*Potentilla erecta*)

Die Blutwurz ist noch sehr hilfreich bei Durchfall, und zwar entweder als Tinktur, oder Sie mahlen die zerkleinerte Wurzel mit der Kaffeemühle und streuen das Pulver übers Essen. Dies hilft z.B. auch bei vorübergehenden Darm- oder Magenblutungen. Aber lassen Sie bitte auch dies vom Hausarzt abklären! Auch bei Dickdarmentzündungen durch Erkältungen oder ähnliches kann eine Messerspitze Pulver mit etwas Wasser eingenommen nur nützen, jedoch niemals schaden.

Als Kombination können Sie jederzeit nach Vorschrift Retterspitz-innerlich einnehmen. Das trägt zur schnelleren Heilung bei. Außerdem könnte man zusätzlich mit Retterspitz-äußerlich warme Wickel machen.

Wie die Kornelkirsche, hilft auch die Blutwurz den Tieren. Öfter einen Eßlöffel der Tinktur eingegeben, wirkt sie vor allem bei Rinderdurchfall.

Parodontose (lockere Zähne, Zahnfleischbluten, Zahnfleischschwund), Magen, Darm, Durchfall, Rinderdurchfall

Wurzel sogleich rot färbt. Es genügt, wenn der Boden des Glases bedeckt ist. Dann füllen Sie mit klarem Schnaps auf. Bereits nach zwei Tagen färbt sich die Flüssigkeit rot. Lassen Sie das Glas aber mindestens sechs Wochen in der Sonne bzw. Wärme stehen.

In erster Linie hilft die Blutwurz bei Parodontose (Zahnfleischbluten, Zahnfleischschwund oder lockere Zähne). Nehmen Sie einen Teelöffel voll in den Mund, spülen damit solange es geht und schlucken dann die Flüssigkeit. Dies ist auch hervorragend für Magen und Darm. Am wirkungsvollsten ist diese Methode vor dem Schlafengehen. Wir haben es ausprobiert, die Zähne festigen sich wieder.

Wer keinen Alkohol mag, der kann die Flüssigkeit natürlich auch ausspucken. Nur ist die Alkoholmenge so gering, daß sie nicht schadet.

Sie können die Blutwurz auch in Apotheken oder Kräuterläden kaufen. Schließlich hat ja nicht jeder die Gelegenheit, Kräuter zu sammeln, oder es fehlt am Platz.

Wurzel und Tinktur der Blutwurz

34

Farnkraut

Jede Art von Farn eignet sich für gesundheitliche Zwecke. Es kommen wunderschöne Gebilde aus der Erde. Sie sehen wie Schnecken aus. Wo es viel gibt, können Sie etwas nehmen, in einen süßsauren Sud legen und als Delikatesse verzehren. Hat der Farn seine volle Größe, holen Sie die Wedel möglichst nach einem Regentag. Hängen Sie einen Strauß in Ihr Haus oder die Wohnung. Es heißt, Farn vertreibt die bösen Geister.

Bei Wirbelsäulenschmerzen legen Sie vier bis fünf Wedel auf ein Tuch und walken sie auf dem Tisch mit dem Nudelholz. Die Blätter werden ganz flach und saftig. Sie können sich direkt mit der Haut auf den Farn legen, das ist wirksamer. Wem es unangenehm ist, der kann den Farn auch unters Bettuch legen.

Achten Sie darauf, alte Bettwäsche zu nehmen, da der Farn am nächsten Morgen trocken und schwarz ist. Am Tag reiben Sie sich mit Johanniskrautöl ein, das ist auch für Ihren Ischias gut. Sie sollten das öfters hintereinander machen. Rechnen Sie damit, daß die Schmerzen erst einmal heftiger werden. Das ist aber ein Zeichen der Reaktion und bedeutet, daß es dann besser wird. Das gilt auch für andere Rheumapartien.

Statt Johanniskrautöl können Sie sich einen Iaspisstein mit ABC-Pflaster über Nacht auf die Lendenwirbel kleben. Am nächsten Morgen ziehen Sie den Stein heraus, lassen das Pflaster aber kleben. Den Stein müssen Sie durch fließendes Wasser ausleiten (zweimal zehn Minuten). Am Abend legen Sie den Stein wieder auf die Lendenwirbel (nach HILDE-GARD VON BINGEN, ausprobiert). Der Stein sollte flach sein.

Farnkraut (*Dryopteris*)

Sollte das alles zuviel Arbeit sein, können Sie den Farn in einem Leinensack trocknen und als Matratze benutzen. Sie müssen sie aber auch wieder auswechseln.

Als Tinktur für Abreibungen von schmerzenden Stellen nimmt man etwa 100 g junge grüne Farnkrautblätter und setzt sie in höherprozentigem, klarem Schnaps an. Anschließend stellen Sie die Flasche sechs Wochen in die Sonne bzw. Wärme. Immer wieder mal schütteln! Danach können Sie die Tinktur für Einreibungen verwenden. Achtung, benutzen Sie die Tinktur nur äußerlich! Am wirksamsten ist es, wenn Sie vorher die Haut gut erwärmt haben, da die Poren sich öffnen und alles gut eindringen kann. Damit ist gleich gesagt, Rotlicht oder Heizkissen dürfen Sie niemals auf trockener Haut anwenden. Am besten ist ein heißes Kräuterbad und anschließend Einreibungen.

Wer brennende Füße hat, nehme eine Farnkrautspitze, etwa 20 cm, lege sie frisch vorne in die Schuhspitze. In 15 bis

35

20 Minuten ist das Brennen behoben (ausprobiert).

Wer einen Kropf hat, der noch nicht zu groß ist, sich aber nicht operieren lassen will, kann die Farnwurzel ausgraben, waschen, putzen, kleinschneiden. Kochen Sie die Wurzel in Obstessig etwa 30 Minuten. Nur soviel abseihen, wie Sie für einmal brauchen. Tränken Sie ein Tuch mit dem lauwarmen Sud, und binden Sie es sich um den Hals. Aber nur die eine Woche nach Vollmond, also bei abnehmendem Mond! Haben Sie bitte Geduld, dadurch ist es auch eine längere Prozedur. Jedoch auch das wurde ausprobiert und hat mit Erfolg funktioniert.

Gelenke, Wirbelsäule, brennende Füße, Kropf

Zinnkraut (Ackerschachtelhalm)

Es gibt drei verschiedene Arten von Zinnkraut. Man kann alle verwenden, da sie Kieselsäure enthalten. Wichtig ist nur, daß Sie nicht feuchte oder moosige Plätze aufsuchen, sondern stets darauf achten, daß der Wurzelboden aus steinigen Böden oder Kieshaufen besteht. Es geht eben um die Kieselsäure, die nur bei entsprechenden Böden entsteht. Lassen sie ein Drittel der Pflanze stehen, und nehmen Sie nur das restliche Kraut.

Das Zinnkraut enthält sehr viele Wirkstoffe, z.B. Mineralsalze (Kieselsäure), Gerbstoffe, Saponine und Bitterstoffe.

Als Tee eignet sich Zinnkraut bei lockeren Zähnen und Zahnfleischbluten (Mundspülungen), Entzündungen der Mundschleimhaut und Hitzewallungen.

Als Sudbad empfehle ich Zinnkraut bei Blasenentzündungen, außerdem noch

Zinnkraut (*Equisetum arvense*)

Schafgarbe, Brennessel und Salbei. Man kann die Kräuter für Sitzbäder nehmen, aber die Nieren müssen unter Wasser sein.

Kochen Sie aus Zinnkraut (zwei Hände voll) einen Sud, geben diesen in eine Schüssel und hängen Sie diese Schüssel in die Toilette, sozusagen als Dampfbad. Bedecken Sie die Nieren mit dem Badetuch. Das Dampfbad sollte mindestens zehn Minuten dauern. Trocknen Sie sich danach nicht ab, sondern gehen Sie gleich ins vorgewärmte Bett.

Ferner hat sich Zinnkraut − im Sieb 20 Minuten über kochendem Wasser, dann in ein Tuch oder einen Kissenbezug gefüllt − für Ober- oder Unterbauchwickel bei Blähungen oder Darmentzündungen bewährt.

Das ist auch bei Fersensporn um die Ferse erfolgreich: Am Tag reiben Sie die Stelle mit Rizinusöl ein, nachts umwickeln Sie die Ferse mit Zinnkraut. Mit Geduld heilt der Fersensporn ab (ausprobiert).

Wegen des hohen Kieselsäuregehalts eignet sich Zinnkrauttee besonders zum Auflösen von Ablagerungen in den Gelenken gleich welcher Art. Man muß ihn nur über eine längere Zeit trinken. Parallel dazu können Sie Sudbäder machen.

Bei Prostatabeschwerden machen Sie Zinnkrautsitzbäder und trinken Zinnkrauttee – täglich, dazu jeden Morgen nach dem Frühstück den Saft einer Zitrone.

Zinnkraut wirkt blutbildend, blutstillend und harntreibend. Also Sie schwemmen aus, das Blut bildet sich aber wieder neu. Der Kreislauf schließt sich.

Blasenentzündungen, Darmentzündungen, Fersensporn, Gelenkausschwemmen, Prostata

**Kleinblütiges Weidenröschen
(*Epilobium parviflorum*)**

Kleinblütiges Weidenröschen

In unserem Raum haben wir überwiegend zwei verschiedene Arten von Weidenröschen. Das großblättrige Weidenröschen ist sehr viel größer und hat eine kräftigere rote Farbe. Ich nehme es nicht, da es wenig oder keinen Heilwert besitzt.

Das kleinblütige Weidenröschen wächst bei uns überall. Viele haben mir schon bestätigt, daß es überall zu finden ist. Am wertvollsten ist das blühende Kraut. Schneiden Sie es 10 cm über dem Boden ab, jedoch bevor sich die Samenstengel geöffnet haben. Schneiden Sie das Ganze mit dem Grün in etwa 2 cm große Stücke. Im Samenstengel befindet sich der für den Tee sehr wichtige Flaum. Er fliegt jedoch, wenn er trocken ist, davon.

Aus Weidenröschen (kleinblütig) läßt sich der wirksamste Tee für Männer mit Prostataproblemen herstellen. Es wirkt auch schon vorbeugend. Männer sollten täglich drei bis vier Tassen trinken.

Das Weidenröschen sollte man innerlich und äußerlich verwenden. Man kann Sitzbäder mit gekochtem Sud machen und auch den Tee trinken. Liebstöckel im Tee unterstützt die Heilung im Beckenbereich. Eine Ergänzung sind noch Kürbiskerne oder Kürbiskern-Granulat (besser für Gebißträger). Noch ein Tip, mit Erfolg angewendet: Sie sollten jeden Morgen nach dem Frühstück den Saft einer Zitrone mit etwas Wasser trinken.

Die Pflanze enthält Gerbstoffe, Pektine, Schleimstoffe.

Prostata

Wiesengeißbart (Mädesüß)

Der Wiesengeißbart ist eine Spierstaude. Man findet sie auch in Gärten oder Parks, dort sind sie jedoch veredelt. Niemals nehme ich Kräuter, die veredelt, d.h.

Wiesengeißbart (*Aruncus dioicus*)

Walnußbaum

Der ganze Walnußbaum bringt uns nur Nutzen. Bekannt ist aber hauptsächlich die Frucht, also die Walnuß. Mindestens so wichtig sind aber die Blätter. Normal kommen sie im Mai, wenn sie nicht unter den Eisheiligen leiden. Für Heilzwecke pflückt man sie spätestens Anfang Juli. Sie enthalten die ganze Kraft. Holen Sie sich viel, es dauert ein ganzes Jahr, bis es wieder etwas gibt. Es ist falsch, wenn Sie warten, bis die Blätter im Herbst fallen. Sie enthalten dann keine Wirkstoffe mehr. Man sollte sie nicht waschen, da sie verkleben und dadurch schimmeln. Richtig behandelt, trocknen sie sehr schnell.

In dem Jahr, in dem es Nüsse gibt, sollten Sie je nach Klima die grünen Nüsse abnehmen. Bei uns ist es relativ rauh, also wird es Anfang Juli, bis die Nuß ausgewachsen ist, jedoch noch keine harte Schale hat. Nehmen Sie 20 Nüsse ab, schneiden sie in Scheiben und geben sie in eine weithalsige Flasche. Dazu kom-

praktisch präpariert sind (dazu gehören auch die gelbe Schafgarbe und der übergroße Frauenmantel).

Man findet den Wiesengeißbart überall, wo nicht gedüngt ist. Das ist geradezu ideal für unsere Gesundheit. Mädesüß erblüht nicht auf einmal voll. Man verwendet die verschlossene Knospe, die beim Zerdrücken sehr stark nach Bittermandel riecht. Gesammelt werden auch die jungen Blätter. Alles wird gemeinsam im Schatten getrocknet. Sie sollten es jedoch nicht länger als ein Jahr aufheben.

Ziemlich als einzigen Tee überbrühe ich ihn nur. Die Stoffe erlauben es nicht, daß sie gekocht werden.

Mädesüß enthält Salizylsäure (gut bei Gelenkschmerzen), Gerbstoffe, Mineralsalze. Es hilft bei Harnausscheidung, Zellulitis, Fettleibigkeit, Hexenschuß, Gicht, Rheuma und Ischias.

Gelenkschmerzen, Zellulitis, Fettleibigkeit, Ischias, Hexenschuß, Rheuma, Gicht

Walnußbaum (*Juglans regia*)

Walnuß

rascht sein, wie sich Ihre Gesichtsfarbe zum Vorteil verändert.

Walnußblätter eignen sich als Sudbäder bei Fußschweiß, Akne, Allergien und Schuppenflechte. Hierfür kochen Sie die Blätter mindestens 20 Minuten lang. Auch bei Haarausfall und Schuppen empfehle ich den Sud. machen Sie eine Haarpackung über Nacht.

Ist die Walnuß reif und kann geerntet werden, sollten Sie täglich drei bis vier Nüsse essen. Sie hat ja die Form des menschlichen Gehirns. Das sagt auch, daß sie gut ist für unser Gedächtnis. Anfangs kann man die Innenhaut abziehen, da sie bitter ist. Man sollte die Walnüsse zwischen den Mahlzeiten zu sich nehmen. So dienen sie auch zur Darmreinigung und sind gut für den Stoffwechsel. Während der Pubertät sollte man täglich

men eine Handvoll gequetschte Wacholderbeeren, fünf bis sechs Nelken und zwei Stangen Zimt. Füllen Sie das Ganze mit klarem Schnaps auf, und stellen Sie die Flasche mindestens sechs Wochen in die Sonne bzw. Wärme. Ab und zu schütteln! Die Flüssigkeit wird fast schwarz. Nun können Sie die Tinktur verwenden. Sie ist ein hervorragender Magenbitter, verstärkt durch die Wacholderbeeren. Wem ein Likörglas zu viel ist, kann auch nur einen Teelöffel voll einnehmen. Bei Skrofulosen (Drüsenanschwellung), Leberentzündung oder zu dickem Blut ist sie sehr hilfreich.

Die Walnußblätter habe ich in meinem 6er Tee, und man kann ihn bedenkenlos diese sechs Wochen, die ich empfehle, trinken. Während dieser sechs Wochen kann sich der Körper bzw. die Darmflora regenerieren. Man kann natürlich auch nur die Walnußblätter als Tee trinken, was sich vor allem bei Leberentzündungen empfiehlt. Sehr wichtig ist, daß die Blätter als Tee auch wurmtreibend wirken. Wer zu dickes oder unreines Blut hat, sollte auf alle Fälle eine Kur mit Walnußblättertee machen. Sie werden über-

Walnußtinktur

vier bis fünf Nüsse essen. Dies hilft auch bei Drüsenschwellungen sowie Haut- und Knochenproblemen.

Die Blätter können Sie Anfang Juli, die Nüsse ab September ernten. Sammeln Sie aber auch die ganze Schale. Trocknen Sie sie und verwenden Sie stets ganz wenig davon für Tee.

Magen, Skrofulose (Drüsenschwellung), Darmreinigung, Stoffwechsel, Allergien, Schuppenflechte, Fußschweiß, Akne, Gedächtnis

Schafgarbe

Der Schafgarbe sagt man nach, daß sie für alles hilft: Magen, Darm, Unterleib, Hämorrhoiden, vor und nach Operationen. Sie blüht bis zu drei- oder viermal pro Sommer. Auch bevorzugt sie karge Böden, daher ist sie noch wertvoller.

Schafgarbe (*Achillea millefolium*)

Schneiden Sie die Schafgarbe nur mit Schere oder Messer ab. Man kann sie nicht pflücken, sonst geht die Wurzel mit, damit würde man sie ausrotten. Sie können die ganze Pflanze verwenden: Blüten und Blätter für Tee, die Stiele aufhängen im Strauß für Wohltätigkeitsbäder.

Für Heilzwecke vor Operationen trinkt man wenn möglich früh genug Schafgarbentee zur Erleichterung und Vorbereitung. Sofort nach der Operation trinken Sie Tee, diesmal mit Schafgarbenpulver (ein Teelöffel in etwas Wasser), nach einigen Tagen Pulver mit Wein (so verträglich). Sie können das Krankenhaus schneller verlassen. Bei Parkinson (Schüttellähmung) empfehle ich täglich Schafgarbentee, auch bei Problemen mit Muskelschwäche (Blase, Wasserlassen).

Sie sollten jedoch täglich mindestens einen halben Liter von dem Tee trinken.

Sie können Schafgarbe mit Schweinefett als Salbe kochen. Noch wirksamer ist die Salbe, wenn Sie zu gleichen Teilen auch noch Himbeerblätter und Ringelblume nehmen: alles mischen, eine Hand voll mit einem Pfund echten Schweinefett einige Male aufkochen, wegstellen, nach drei Tagen nochmal erwärmen, durch ein Tuch drücken, in kleine Gefäße füllen und im Kühlschrank aufbewahren.

Ich nehme für Salben grundsätzlich nur reines Schweinefett, da es von Natur aus schon Heilstoffe enthält, kein Melkfett, auch keine Vaseline oder Lanolin. Sie können auch beim Metzger fragen nach Flonsen – also Fettflecke – von Schweinen und selbst auslassen.

Schafgarbensalbe eignet sich besonders für den Enddarm – eben bei Hämorrhoiden, die ja eigentlich immer Krampfadern sind – oder operierte Polypen, damit die Wunden schneller heilen. Wer mit Hämorrhoiden belastet ist, sollte so oft er daran denkt, die Muskeln des Darmausgangs in Intervallen zusammenpressen. Das fördert die Durchblutung, so bilden sich keine lästigen Blutgeschwülste. Wer keine Sudbäder oder Salbe hat, kann auch mit Retterspitz-äußerlich Umschläge machen. Ich weiß, daß es hilft.

Setzen Sie Schafgarbe in klarem Schnaps an. Stellen Sie die Flasche sechs Wochen in die Sonne bzw. Wärme. Die Tinktur hilft bei Magen- oder Darmproblemen. Haben Sie viel, lassen Sie Ihre Gäste ein Gläschen „pur" probieren.

Für Dampf-Sitzbäder lesen Sie bitte bei Blasenentzündung nach.

Schließmuskelschwäche, vor und nach Operationen, Parkinson, vor Entbindungen, Unterleib (Gebärmutter, Eierstock, Periode), Magen, Darm, Hämorrhoiden

Schafgarbentinktur

Koniferenzapfen

Harze aus Koniferenzapfen oder Baumharz

Alle paar Jahre blüht der Wald. Das heißt, daß wieder junge Zapfen wachsen. Wenn sie ausgewachsen, aber noch fast geschlossen sind, bilden sich Harztropfen. Das ist so bei Fichten, Tannen, Kiefern, Föhren, auch Edelhölzern wie Latschen, Blautannen, Edeltannen usw. Sammeln Sie das Harz mit einem Messer oder mit einem Spatel ein, und bewahren Sie es in einem Gefäß auf. Wenn Sie einen schlechten Magen haben, nehmen Sie ein Kügelchen, und schlucken es. Es ist gut für Ihre Magenwand oder Magenschleimhaut. Ebenso helfen die Harze von Wacholder oder Wacholderzweigen.

Wer Hühneraugen hat, der macht ein Fußbad mit Kernseife, vielleicht 30 Minuten. Dann nehmen Sie ein Harzkügelchen, legen es auf das Hühnerauge, kleben ein Hühneraugenpflaster darauf, so daß die Ausbuchtung auf das Harz zu liegen kommt. Nach zwei Tagen können

41

Sie das Hühnerauge entfernen. Bei ganz hartnäckigen Fällen nochmal wiederholen! Es funktioniert (ausprobiert).

Sollten Sie in der glücklichen Lage sein, eine Hecke um Ihr Grundstück Ihr Eigen zu nennen, holen Sie sich die jungen Triebe für Hustensirup (an anderer Stelle), oder sammeln Sie sich beim Heckenschneiden den Abfall zum Trocknen. Sie können sich wunderbare Sudbäder davon kochen und Erfrischungsbäder damit machen. Jedoch nicht vor der Nacht. Es erfrischt nämlich. Auf alle Fälle sind Koniferennadeln (also Kiefergewächse) gekocht als Dampfbad gut bei Blasenentzündungen. So wird's gemacht: Sie kochen zehn Minuten lang einen Sud aus Nadeln, Salbei, Schafgarbe, Zinnkraut (Schachtelhalm), Brennessel zu gleichen Teilen, lassen das Ganze ein paar Stunden stehen und erhitzen es nochmals. In einer Sanitärschüssel oder einfachen Blechschüssel hängen Sie den Sud in die Toilette und setzen sich zehn Minuten drauf. Die Nieren müssen warm mit einem Badetuch abgedeckt werden. Danach trocknen Sie sich nicht ab, sonden gehen sofort ins Bett. Diesen Sud können Sie noch zwei- bis dreimal benutzen. Lassen Sie die Kräuter drin.

Magenprobleme, Hühneraugen, Blasenentzündungen

Alant

Alant ist eine der wenigen Pflanzen, die veredelt oder gezüchtet noch wirksamer sind als wild. Er wächst bei uns nicht in freier Natur. Wenn man ihn aber im Garten hat, vermehrt er sich sehr schnell und man kann bald die Wurzeln teilen.

Reibt man die Blätter, so riechen sie sehr stark, jedoch angenehm. Verwendet wer-

Alant (*Inula helenium*)

den nur die Wurzeln. Die Wurzeln werden gewaschen, geputzt, kleingeschnitten und getrocknet. Dann können Sie einen Tee davon zubereiten. In getrocknetem Zustand kann man die Wurzeln auch durch die alte Handkaffeemühle drehen, einen Eßlöffel voll in ein Pfund Honig rühren und in die Sonne stellen. Nach etwa vier Wochen können Sie diesen in den Hustentee geben. Sogar bei Asthma hilft er, aber auch bei Bronchitis und Husten.

Die Wurzel, in Wein gekocht und schluckweise getrunken, hilft bei Verschleimungen des Magens, des Darms und der Bronchien, ebenso bei verhärteter Leber oder Appetitlosigkeit. Wer keinen Alkohol mag, kann auch Milch oder Wasser verwenden.

Die Alantwurzel enthält sehr wertvolle Wirkstoffe, z.B. Inulin (Kohlenhydrat aus Fruchtzucker), Pektine (Geliermittel),

Harze, ätherische Öle. Sie wirkt tonisch (allgemein stärkend), reinigt den Gallengang, fördert die Sekretion, vertreibt die Parasiten aus dem Darm und fördert den Appetit. Bei einer Überdosierung kann es zu Erbrechen kommen.

Wer Diabetiker ist, kann ungesüßten Tee trinken. Das steigert den Stoffwechsel.

Husten, Bronchialasthma, verhärtete Leber, Appetitlosigkeit, Magenverschleimung

Labkraut

Es gibt drei Arten von Labkraut, das gelbe (das beste), das weiße und das Klettkraut (das sog. Klebkraut). Alle drei haben gute Eigenschaften. Am leichtesten findet man den ganzen Sommer das weiße Labkraut. Es kann bis zu 75 cm hoch werden. Während es blüht, riecht es ganz stark nach Honig, ähnlich wie Lindenblüten.

Steckt man einen Zweig in frische, unbehandelte Milch, gerinnt sie nach ein bis

Gelbes Labkraut (*Galiium verum*)

zwei Tagen. Sie können damit also Dickmilch herstellen. Das kommt vom Kälberlab. Man hat früher auf den Almen damit Käse gemacht. Labkrauttee hilft bei Lymphdrüsenerkrankungen oder Schwellungen (Halswickel mit dem ganzen Kraut). Labkraut hilft auch bei Zungenkrebs: oft hintereinander gurgeln, alle halbe Stunde einen Schluck davon trinken (ausprobiert). Aber sprechen Sie zuerst mit Ihrem Arzt!

Wer nicht schlafen kann, der schneide das 75 cm hohe Labkraut unten ab, nehme einen ganzen Büschel, winde einen Kranz und lege ihn unter das Bett, eventuell auf eine Zeitung, damit das Putzen leichter geht. Auch das ist mit Erfolg erprobt worden. Deshalb wird das Labkraut auch Strahlenkraut genannt. Man kann es auch in das Bettuch legen, doch wenn es trocken ist, wird es bröseln. Sie sollten es deshalb in ein Kissen geben.

Lymphdrüsenerkrankungen, strahlenabweisend

Weißes Labkraut (*Galiium molluga*)

Bei Hühneraugen und Warzen: Hauswurz

Bachnelkenwurz

Man muß sich beeilen, die Bachnelkenwurz im Frühjahr zu sammeln. Sie blüht zu einer Zeit, da es sowieso sehr viel zu holen gibt. Das Kraut sollte man im Mai bis Juni pflücken. Die Wurzel, die starke Wirkstoffe enthält, erntet man nach der Blütezeit.

Pfarrer KÜNZLE sagt, daß die Bachnelkenwurz Radium enthält und über Ge

Bachnelkenwurz (*Geum rivale*)

hirn und Herz befreit. Zur Herzstärkung, also zur Unterstützung, nehmen Sie 100 g Wurzel, frisch oder getrocknet, und setzen sie in einer weithalsigen Saftflasche mit gutem Obstler an, stellen die Flasche vier Wochen in die Sonne. Dann können Sie täglich 25 Tropfen einnehmen. Die Hälfte ist für Kinder geeignet, allerdings mit etwas Füssigkeit.

Die Tropfen sind auch gut für Ihren Magen.

Herz, Magen, Gehirn

Kalmuswurzel

Die Kalmuswurzel ist ein Schilfgewächs. Sie ist altbewährt. Man kann sie allerdings auch nicht selbst sammeln, da sie ja im Wasser wächst und sicher auch viel in Naturschutzgebieten. Es wird nur die Wurzel verwendet. Bezogen wird sie aus kontrollierten Anbaugebieten. Die Wurzel enthält hauptsächlich Bitterstoffe, ätherische Öle, Schleim, Gerbstoffe und Harze.

Bei allen Magen- und Darmproblemen kann sie verwendet werden. Oft bemerkt man bei anderen Menschen üblen Mundgeruch, der nicht von schlechten Zähnen herrührt. Fast immer kommt er aus dem Magen.

Für innerlich kocht man die Kalmuswurzel in Kartoffelwasser. In der Regel setzt man am Abend einen Teelöffel gestoßener Wurzel in einer großen Tasse Wasser an, läßt es über Nacht stehen. Am Morgen erwärmt man das Ganze im Wasserbad. Ab da trinkt man vor und nach jeder Mahlzeit einen Schluck von dem Tee, also pro Tag nur sechs Schluck. Ziehen Sie das mindestens eine Woche durch. Setzen Sie dann aus. Sollte es noch

Kalmus (*Acorus calamus*)

Probleme geben, fangen sie noch mal von vorn an. Da die Kalmuswurzel aber sehr bitter ist, können Sie statt der zweiten acht Tage erst einmal Retterspitz-innerlich in Verbindung mit Salbeitee trinken. Bewährt haben sich auch heiß-feuchte Auflagen mit Retterspitz-äußerlich auf den Magen (ausprobiert). Zwischendurch können Sie noch Salbeitee trinken. Durch die Bitterstoffe der Wurzel profitiert die Galle, das gilt auch für alle anderen Organe bis zur Ausscheidung. Eigentlich entgiftet sie den ganzen Körper.

Noch etwas Wichtiges kann man mit Kalmus erreichen. Wer nicht aus eigener Kraft sich das Rauchen abgewöhnen kann, der kaue öfter ein paar Körnchen von der Wurzel, spuckt sie aber nach geraumer Zeit wieder aus. Es soll schon mehrmals geglückt sein, ich wünsche es Ihnen.

Kalmuswurzel hilft außer bei Magen- und Darmproblemen bei Gicht, Blähungen, Verdauung, Nervosität und entzündetem Zahnfleisch.

Magen, Darm, Blähungen, Verdauung, Rauchen, Zahnfleisch

Arnika

Obwohl überall bekannt ist, daß Arnika geschützt ist, lohnt es sich doch, darüber zu schreiben. Die Pflanze wird inzwischen kontrolliert angebaut und geerntet. Sie bekommen sie in Apotheken und Kräuterläden, getrocknet als Tee oder als Tinktur. Trotzdem möchte ich weitergeben, was ich über Arnika weiß.

Oft werde ich gefragt, wie Arnika aussieht. Die Blüte ist dunkler gelb als die des Wiesenbocksbarts oder der Waldmargarite. Außerdem riecht Arnika sehr stark. Sollten Sie je zu dieser Pflanze kommen, bedenken Sie, daß Sie jede Blüte auseinandernehmen müssen, wenn Sie sie für Tee verwenden möchten. In fast jeder Blüte sitzt ein Wurm oder ein Käfer. Sie sind giftig. Für äußerlich ist es nicht so schlimm, bei Einreibungen kann es keinen Schaden anrichten. Werfen Sie beim Trennen in Samen, Blätter, Kelch die Kelche nicht weg. Ich setze sie noch in klarem Schnaps an, der sich für Gelenkeinreibungen eignet, oder trockne sie für

Arnika (*Arnica montana*)

Sudbäder. Samen, Blüten und Blätter trocknen sehr schnell. Es wird alles sehr flaumig. Deshalb müssen Sie aufpassen, daß nichts davon fliegt. Einen Teil setze ich in gutem Schnaps an für Umschläge. Er muß aber verdünnt werden, sonst kann die Haut leiden und verätzen. Einen anderen Teil können Sie in gutem Olivenöl ansetzen, ebenfalls für Einreibungen. Bei der Teezubereitung müssen Sie mit der Dosierung vorsichtig sein, Sie können hier mehr schaden als nutzen. Ich nehme nur ein paar Samen für eine Tasse Tee und mische mit anderen Heiltees. Arnika unterstützt nach Operationen die innere Heilung. Die Tinktur sollten Sie nur tropfenweise einnehmen.

In Arnika sind ätherische Öle, Harze, Gerbstoffe, Apfelsäure, Kieselsäure, Farbstoffe und Bitterstoffe enthalten. Dies erklärt auch die große Heilwirkung der Pflanze. Außer bei Zerrungen, Schwellungen und Verstauchungen hilft Arnika noch bei Schweiß, Akne, Wunden und Entzündungen. Wenn Sie zuviel Arnika verwenden, kann sich Hautjuckreiz einstellen. Einfacher ist es, für äußerliche Anwendungen Retterspitz-äußerlich zu besorgen. Er enthält bereits Arnika. Ich habe es unzählige Male empfohlen, mit großartigem Erfolg. Wir in der Familie benützen es seit 40 Jahren.

Zerrungen, Schwellungen, Verstauchungen, Wunden, Entzündungen

Wacholder

Den Wacholder nehme ich auch nur aus sogenannten Moorfilzen, Flußauen oder von Berghängen, also die niedrigen Sträucher, keine gezüchteten veredelten Gewächse.

Wacholder (*Juniperus communis*)

Die Wacholderbeere braucht drei Jahre, bis man sie ernten kann. Ein Jahr blüht sie, im zweiten Jahr gibt es die grüne Beere, die im dritten Jahr blauschwarz wird. Dann hat sie auch das wunderbare Aroma. Sie schmeckt roh gekaut vorzüglich, und verleiht auch einen guten Atem.

Achtung – bei Nierenproblemen oder Schwangerschaft sollten sie keine Wacholderbeeren essen!

Möchten Sie was ganz feines ansetzen, das Ihrem Magen und Darm gut tut, so geben Sie in eine weithalsige Saftflasche zwei Wacholderzweige mit reichlich Wacholderbeeren hinein – möglichst wie eine Spirale –, zusätzlich noch eine Handvoll gequetschte Wacholderbeeren. Anschließend füllen Sie mit gutem Obstler oder klarem Schnaps auf. Stellen Sie die Flasche in die Sonne bzw. an die Heizung. Nach etwa sechs Wochen färbt sich der Schnaps bräunlich. Aber nicht nur die Beeren, auch die Zweige geben ihre Farbe und Harze ab. Genau das ist es, was die Magenwände brauchen. Bei Problemen trinken Sie ein halbes Likörglas möglichst vor dem Schlafen. Sie können bei ausreichendem Vorrat die Tinktur auch Ihren Gästen vorsetzen.

Als Tee oder Tinktur wirkt Wacholder harn- und windtreibend, blutreinigend, hilft bei Blasenentzündung, Akne, Ödemen, Atem, Bronchitis und reguliert die Periode. Man kann auch Öl herstellen.

Nach Pfarrer KÜNZLE (Schweiz) ist Wacholder für den gesamten Organismus gut. Doch, wie gesagt, bei Nierenproblemen oder hohem Fieber sollten Sie vorsichtig sein.

Wer unter Rheuma, Gicht, Gelenkschmerzen leidet, nicht weiß, wie er seine Schmerzen los werden kann, der koche sich einen Sud (20 Minuten) von Wacholderzweigen. Lassen Sie den Sud ein paar Stunden stehen und kippen Sie ihn dann durch ein Sieb ins Badewasser. Man sollte sich schon ein gutes Vollbad genehmigen, eventuell noch heißes Wasser zugießen. Bleiben Sie bis zu einer halben Stunde im Wasser. Anschließend gehen Sie ins vorgewärmte Bett, das jedoch nicht mit elektrischer Heizdecke, sondern mit der guten alten Wärmflasche angewärmt wird. So können Sie abschwitzen, was eben gut ist, um giftige Stoffe (die sich angesammelt haben) auszuscheiden.

Bei Schuppenflechte kann man nach diesem Bad mit Wacholdersalbe wie folgt einreiben: Grüne Wacholderbeeren quetschen und mit gleicher Menge ungesalzener Butter verrühren. Mit der Salbe mehrmals die kranken Stellen einreiben.

Sammelzeit ist das ganze Jahr.

Magen, Darm, harntreibend, Gicht, Rheuma, Schuppenflechte, Gelenkschmerzen

Wundklee

Der Wundklee wächst überwiegend auf kalkhaltigen Boden, eigentlich nur im Vorgebirge. In unteren Regionen hat er längere Stiele. Über 1500 m ist er kleiner, aber genauso kräftig.

Er ist wie Wolle anzufassen, weißlichgelb. Anfang Juli ist er voll da.

Der Wundklee enthält Saponine, Gerbstoffe und Xanthophyll (gelber Farbstoff).

Wie alle anderen Kräuter sollten Sie ihn im Schatten trocknen, jedoch so wenig wie möglich bewegen, da die Blüten sonst zerfallen.

Man wendet ihn ausschließlich bei Krämpfen, Quetschungen, Ohrenschmerzen, Wunden und hauptsächlich zu Waschungen bei Neurodermitis an.

Sie können die ganze Pflanze nehmen, auch Blätter und Stiele zusammenschneiden.

Wundklee (*Anthyllis vulneraria*)

Bei Ohrenschmerzen kochen Sie einen Eßlöffel Blüten in einem viertel Liter Wasser, lassen das Ganze mindestens eine halbe Stunde ziehen und träufeln die Flüssigkeit dann mit Ohrstäbchen ins Ohr. Außerdem sollten Sie noch ein Taschentuch mit Tee anfeuchten, aufs Ohr legen und mit einem Stirnband oder Tuch über Nacht umbinden. Wer keinen Wundklee hat, wechselt alle zwei Stunden zwischen ein bis zwei Tropfen Johanniskrautöl und dann Retterspitz-äußerlich.

Bei Neurodermitis kochen Sie eine Handvoll Wundklee und lassen den Sud mindestens eine halbe Stunde ziehen. Bei ganz kleinen Kindern geben Sie alles ins Badewasser, bei Jugendlichen und Erwachsenen seihen Sie die Kräuter ab und waschen sich mit dem Sud. Nach Möglichkeit trocknen Sie sich nicht ab, sondern tupfen die erkrankten Stellen nur ab. Wenn alles trocken ist, kann man mit Johanniskrautöl oder meiner Dreifach-Salbe einreiben. (Die Salbe ist an anderer Stelle beschrieben). Ich würde auch da den 6er Tee empfehlen.

Krämpfe, Quetschungen, Ohrenschmerzen, Wunden, Neurodermitis

Johanniskraut

Wie der Name schon sagt, ist das Johanniskaut an Johannis, dem 24. Juni, voll erblüht. Je nach Wetter kann es aber schon Anfang Juni erscheinen. Man muß die Augen aufmachen, um es zu finden. Doch es lohnt sich. Das Johanniskraut wächst nur auf kargem, nicht gedüngtem Boden. Suchen Sie an Bahndämmen, Waldrändern, Flußböschungen.

Oft verwechselt man das Johanniskraut mit der Goldrute oder dem Gilbweide-

Johanniskraut (*Hypericum perforatum*)

rich. Doch gibt es große Unterschiede. Zerdrückt man eine Knospe des Johanniskrauts, hat man rotblaue Farbe zwischen den Fingern. Auch wenn man ein Blättchen in die Sonne oder ins Licht hält, sieht man winzige Löcher wie mit einer Nadel durchstochen.

Die Knospen, offenen Blüten und die feinen jüngeren Blättchen enthalten viel ätherische Öle. Ich kann die Pflanze bis in den August hinein schneiden. Gehen Sie immer mit Messer oder Baumschere ans Werk. Schneiden Sie stets unten ab. Lassen Sie auch etwas stehen für das nächste Jahr. Gehen Sie sorgfältig mit allen Kräutern um. Danken Sie dem Schöpfer für das, was er uns zum Geschenk macht, denn es kostet Sie keinen Pfennig. Haben Sie doch auch die Gewißheit wann, wo und wie Sie es geholt haben.

Die Knospen gebe ich in den Mörser und zerstoße sie mit dem Stössel. Mit einem Teil fülle ich ein weithalsiges Glas etwa zu einem Drittel, dann gebe ich reines Olivenöl dazu. Jetzt stellen Sie das verschlossene Glas sechs Wochen in die Sonne bzw. Wärme. Auch unter Rotöl bekommt es eine rote Farbe wie Gelee. Einen anderen Teil quetsche ich ebenso im Mörser, setze dies aber mit den feinen Blättchen in einem klaren Schnaps an. Auch hier stelle ich die Flasche sechs Wochen in die Sonne oder Wärme. Schütteln nicht vergessen! Man kann die Knospen dann abseihen oder in der Flasche lassen, so wird es noch kräftiger.

Für Tee zupfe ich Blüten und Blätter ab und trockne sie im Schatten. Die Strunke binde ich zu einem Strauß und hänge ihn im Schatten auf.

Johanniskrautöl ist sehr vielseitig. In erster Linie hilft es bei Sonnenbrand. Bei Halsentzündungen oder Angina sollten Sie einen Teelöffel davon schlucken, am besten abends, so kann es über Nacht heilen. Auch bei Magenbeschwerden wirkt Johanniskrautöl. Äußerlich angewendet hilft es bei frischen Verletzungen, nach allen Waschungen und Bädern bei Ausschlägen, Geschwüren, Schuppenflechten, Akne usw. Es eignet sich auch für das Gesicht im Anschluß an ein Dampfbad.

Wer unter Blähungen leidet, sollte ein heißes Bad nehmen, anschließend Ober- und Unterbauch leicht mit Öl einmassieren. Dies hat sich auch bei Säuglingen bewährt.

Wenn Kinder nicht schlafen können, helfen ein Kräuterbad mit Lindenblüten oder Johannisstrunk und anschließende Johanniskrautöl-Einreibungen. Da es für die Nerven gut ist, geht es von außen in den Körper (ausprobiert).

Bei Ischiasschmerzen gibt es bei genügend Ausdauer nur ein Mittel – ein Bad

Rote Färbung des Johanniskrauts

mit Johanniskrautöl. Danach gehen Sie sofort ins vorgewärmte Bett. Dem Bad können Sie einen viertel Liter Retterspitz äußerlich zugeben. Es wird Ihnen gut tun. Übrigens, wenn Sie nicht wissen, wo Ihr Ischiasschmerz herkommt, ist vielleicht die Toilettenbrille aus Plastik daran schuld. Wir haben zu Hause wieder eine Holzbrille. Der Raum kann noch so warm sein, Plastik ist jedoch immer kalt.

Für ein Wohltätigkeitsbad schneide ich von meinen gesammelten Strunken einen Teil Johanniskraut, einen Teil Schafgarbe, einen Teil Brennessel, einen Teil Zitronenmelisse und einen Teil Salbei ab. Man kann noch Walnußblätter dazu nehmen. Ich schneide alles klein, koche es zehn Minuten, lasse es ein paar Stunden ziehen und gebe es dann ins Badewasser. 20 Minuten sollte das Bad dauern, dann gehe ich ins vorgewärmte Bett. Eventuell können Sie abschwitzen, so kommt die Schlacke aus Ihrem Körper.

Johanniskrauttee ist ein beliebtes und gesundes Getränk. Er ist ein Nerventee

Johanniskrauttinktur

besonderer Güte. Um ihn wirksamer zu machen, kann man Zitronenmelisse und Baldrian beimischen – alles zu gleichen Teilen. Sie tun Ihrem Magen und Darm, aber auch allen anderen Organen etwas gutes. Ich habe ihn auch in meinem 6er Tee mit aufgeführt.

Johanniskrautöl ist gut von oben bis unten, also von Kopf bis Fuß. Schauen Sie aber immer, daß die Hautpartien erwärmt sind, damit das Öl eindringen kann.

Sammeln sollten Sie vor allem die Knospen, da sie reichlicher Farbstoff enthalten.

Sonnenbrand, Blähungen, Nerven, Akne, Schuppenflechte, Wirbelsäule, Ischias, Halsentzündung, Magen, Verletzungen, Brandwunden, Bluterguß

Ringelblume

Die Ringelblume gehört zu den wenigen Heilkräutern, die gepflanzt werden. Sie ist sehr üppig und blüht den ganzen Sommer lang. Bei uns wächst die Ringelblu-

me nicht wild. Ich möchte sie aber auf jeden Fall meinen Tees zuordnen. Ich habe sie auch in meinem 6er Tee.

Versäumen Sie nicht, gleich zu Anfang die frischen Blüten für Tee zu sammeln. Nehmen Sie ruhig die ganzen Köpfchen, aber auch die Blätter und Stiele. Trocknen Sie sie wie üblich im Schatten. Vielleicht müssen Sie sie noch etwas zerkleinern, da sie sehr kompakt sind. So beugen Sie dem Schimmel vor. Sie müssen sie oft umdrehen, da sie leicht verkleben und auf jeden Fall in Papiertaschen verstauen, falls sie nicht restlos trocken sind.

Im Herbst, jedoch wegen des Befalls mit Mehltau nicht zu spät, nehmen Sie zu Blüten und Blättern die Stiele. Schneiden Sie alles klein, und kochen Sie Salbe aus einer Handvoll Blüten, Blättern und Stielen. Lassen Sie alles nach dem Zerkleinern in einem Pfund Schweinefett zehn Minuten köcheln und anschließend drei Tage stehen. Dann erhitzen Sie die Salbe, drücken sie durch ein Tuch, füllen sie in kleine Gefäße ab und stellen sie kühl. Sie hilft bei Halsentzündung, eitriger Mandelentzündung, Mundfäule und Mundschleimhautentzündung, auch bei Kehlkopfproblemen oder Heiserkeit und nach Mandeloperationen. Sie können die Salbe bei Halsproblemen auch schlucken.

Ich rate Ihnen auch, das Ausgepreßte in dem Tuch zu lassen und einzufrieren. Sie können es im Bedarfsfall bei Venenentzündung oder offenem Bein als Wickel benutzen. Diese Auflagen sind sehr hilfreich. Ebenso kann man das Ausgepreßte bei Brustkrebs auflegen, mit Mull und einem Tuch abdecken. Das kann man auf jeden Fall zusätzlich zur medizinischen Behandlung anwenden. Wie bei Allem sage ich auch da: Sie können mit meinen

Ringelblume (*Calendula officinalis*)

den. Hierzu empfehle ich noch eine Kur mit Retterspitz-innerlich (siehe Broschüre von Retterspitz, ausprobiert mit Erfolg).

So hat die Ringelblume viele Funktionen. Geben Sie zwei Hände voll Blüten in eine weithalsige Flasche und füllen mit klarem Schnaps auf. Anschließend stellen Sie die Flasche drei Wochen in die Sonne oder Wärme, öfters durchschütteln. Dann haben Sie eine heilsame Tinktur (jedoch verdünnt) bei Quetschungen, Muskelzerrungen und wundgelegenen Stellen. Man kann dabei abwechselnd mit Salbe oder Tinktur behandeln. Nehmen Sie stets abgekochtes Wasser zum Verdünnen. Ich bin auch dafür, sterilen Mull oder frisch ausgekochte Tücher zu verwenden. Sie können auch Wickel bei Venenentzündung machen.

Die Ringelblume bekommt den ganzen Sommer neue Blüten. Deshalb nimmt man erst im Herbst die Stiele.

Halsentzündung, Mundfäule, Venenentzündung, Angina, Mandeloperation, Hämorrhoiden, Quetschungen, Zerrungen, Kehlkopf

Salbei

Bei mir geht es um den gesetzten oder gepflanzten Salbeistrauch, nicht um den Wiesensalbei. Doch der Salbeistrauch erfüllt in jeder Hinsicht seine Pflicht.

Stellen Sie Kamille weit hinter Salbei. Kamille benutze ich nur zur restlichen Abheilung. Sie trocknet die Schleimhäute aus.

Doch Salbei ist für „alles" zuständig. Er heilt jede noch so schwere Entzündung aus. Dies geschieht fast über Nacht. Seine wirksamen Inhaltsstoffe sind ein Wun-

Mitteln – ob innen oder außen – an Ihrem Körper nichts falsch machen, doch wir brauchen auch unsere Ärzte.

Bei Venenentzündung machen Sie nachts mit Retterspietz-äußerlich Wickel nach Vorschrift. Am Tag reiben Sie die Partien mit Ringelblumensalbe leicht ohne Druck ein und trinken unbedingt auch Ringelblumentee. Wie schon gesagt, alles von innen und außen.

Ich koche noch eine kombinierte Salbe. Sie besteht aus gleichen Teilen Ringelblume, Himbeerblättern und Schafgarbe. Der Kochvorgang ist wie oben. Speziell bei Hämorrhoiden ist diese Salbe sehr heilsam. Doch auch da empfehle ich Retterspitz-äußerlich, ein getränktes Läppchen alle zwei Stunden kalt andrücken – stets beachten, Venen mögen's kalt. Hämorrhoiden sind ja innere Krampfadern, also gehören sie zu den Venenleiden.

Salbei (*Salvia officinalis*)

große Hilfe. Bei Entzündungen im Körper trinken Sie Salbeitee vermischt mit Retterspitz-innerlich (50:50). Bei eitrigen Mandeln sollten Sie stets Salbeitee mit Retterspitz-äußerlich mischen (ausprobiert, auf schnellem Weg geheilt). Lungenkrauttee gemischt mit Salbeitee (50:50) sollten Sie bei Lungenblähung trinken.

Salbei reguliert auch das Blut, es wird gereinigt. Deshalb ist Salbei gut bei Schlaganfall und dadurch entstandene Lähmungen.

Schlecht heilende Wunden schließen sich schnell mit einer Mischung aus Retterspitz-äußerlich und Salbei (50:50). In kürzester Zeit heilt alles ab.

Brauchen Sie ein Sitz- oder Dampfbad, nehmen Sie die Strunke oder Stiele vom Salbei und schneiden sie klein. Sie enthalten die gleichen Stoffe und ätherischen Öle wie die Blätter. Bitte werfen Sie sie niemals weg, sondern trocknen und heben Sie sie auf. Sie können sich auch ein Kräuterkissen machen und darauf schlafen. Das ist sicher bei Ohrenschmerzen oder Migräne ein Schlafmittel.

Wenn ich bei Entzündungen Retterspitz-innerlich oder -äußerlich verwende, habe ich mich daran gewöhnt, statt Wasser Salbeitee oder Salbeisud als Verdünnung zu nehmen, so haben Sie die doppelte Wirkung.

An mehreren Stellen habe ich bereits Salbei mit erwähnt. Bitte lesen Sie dort nach.

Magen- und Darmprobleme, Halsentzündung, eitrige Mandeln, Schlaganfall, Lungenblähung, Verletzungen, Wechseljahre, schwitzen, Unterleibs-, Blasenentzündung

der: Saponine, ätherische Öle, Gerbstoffe.

Sie können auf jeden Fall zwei bis drei Salbeiblättchen (frisch) kauen und schlucken. Sie räumen den Magen auf, sind zugleich gut für Hals und Mandeln. Bei Nasen- oder Nebenhöhlenproblemen stecken Sie Salbeiblätter in die Nase. Quetschen Sie die Blätter und atmen Sie tief ein. Dazwischen kauen Sie Bienenwaben, die Sie nach 20 Minuten ausspukken.

In den Wechseljahren können Sie zu Frauenmantel- und Schafgarben- noch Salbeitee trinken. Das bringt Ihnen große Erleichterung. Sonstige Hitzewallungen können Sie ebenfalls mit Salbei bekämpfen. Auch bei Blähungen bringt er

Gänsefingerkraut (*Potentilla anserina*)

Gänsefingerkraut (Anserine)

Gänsefingerkraut ist das sogenannte Krampfkraut. Richtig genommen bringt es Ihnen Linderung bei Waden-, Muskel-, Unterleibs- und Magenkrämpfen. Man nimmt das blühende Kraut. Es blüht gelb, hat fünf Blütenblättchen. Es mag keine überdüngten Böden, ist deshalb auch sehr sauber. Auf der Rückseite ist es silbrig behaart. Es kommt den ganzen Sommer immer wieder.

Sie können auch die Wurzel ausgraben, waschen, anschließend stets ein Stückchen kauen und dann ausspucken. Dies hilft bei Zahnfleischbluten oder Parodontose. Als Tee kocht man das Kraut mit den Blüten in Milch oder Wasser.

Die Inhaltsstoffe sind Gerbstoff, Harze.

Denken Sie aber immer daran, wenn Sie Krämpfe bekommen, ob Ihrem Organismus etwas fehlt, z.B.: Kieselerde, Magnesium oder ein anderes Mineral, evtl. durch Ausschwemmen mit Tee.

Krämpfe jeder Art, lockere Zähne, Zahnfleischbluten

Eberesche (Vogelbeere)

Sicher ist allen bekannt, wie die Vogelbeere aussieht. Sie wird gegen August/ September reif. Man muß aufpassen, daß man vor den Vögeln ernten kann. Die Beeren sollten jedoch schon gut reif sein. Die Blätter – die auch wertvoll sind – können schon vorher gepflückt werden, wegen der Luftverschmutzung. Vogelbeeren sollten Frost erwischen, das geht jedoch wegen der Vögel nicht. Deshalb frieren Sie sie ein paar Tage ein.

Die Beeren enthalten Apfel-, Bernstein- und Zitronensäure, Pektine, Vitamin C und Provitamin A.

Besonders gut sind die Vogelbeeren bei Problemen mit dem hinteren Augendruck. Ich habe es ausprobiert: Er ging von 28 auf 21 Prozent zurück (dreimal pro Tag 20 Tropfen innerlich).

Vorsicht - frisch und roh ist die Vogelbeere giftig. Wenn Kinder vier Stück essen, kann dies tödlich sein, mindestens muß der Magen ausgepumpt werden.

Vogelbeere (*Sorbus aucuparia*)

Vogelbeerenschnaps

Man kann die Vogelbeeren auf drei verschiedene Arten verwerten. Das Gelee schmeckt hervorragend, herb, leicht bitter. Es paßt großartig zu Wild. Sie müssen die Beeren gut waschen, da sie lange Zeit auf dem Baum waren. Die kleinen Rispen lasse ich dran. Dann gebe ich sie in den Entsafter. Alles andere läuft wie bei üblichem Gelee ab. Für Augendruck-Tinktur nehme ich nur gut gewaschene, ganz abgezupfte, saubere Beeren, fülle alles in weithalsige Flaschen, ein Drittel genügt, und gebe dann klaren Schnaps dazu. Dann lasse ich die Flasche sechs Wochen in der Sonne oder Wärme stehen. Öfters durchschütteln!

Die dritte Variante: Beeren zupfen, gut waschen, dann in der Dörre oder im Backofen (die Tür etwas offen lassen) trocknen. Man kann sie für Tee benützen, da dieser ja gekocht wird. Bei Heiserkeit kann man getrocknete Vogelbeeren kauen.

Die Vogelbeere hilft bei schmerzhafter Menstruation. Sie wirkt regulierend, harntreibend, abführend, adstringierend (zusammenziehend bei Blutungen).

Hinterer Augendruck, für die Galle, Heiserkeit, Menstruation, harntreibend, Skorbut (Vitamin-C-Mangel)

Eiche

Die Eiche gibt uns sehr viel für die Gesundheit. Es beginnt im Frühjahr mit den jungen hellgrünen Blättchen, die Sie sammeln sollten. Allerdings Eichenrinde sollten Sie kaufen, selbst sammeln ist schlecht. Sie verletzen sich und den Baum.

Die Eiche enthält Säuren, Pektine und Stärke. Diese Stoffe helfen mit, daß durch Bäder, Waschungen und Umschläge Entzündungen abheilen. Die Eichenrinde wirkt zusammenziehend. Auch können Sie die gesammelten, getrockneten Blätter mitkochen.

Fußbäder bei Fußschweiß, Sitzbäder bei Hämorrhoiden (allerdings nur lauwarm). Da würde ich eher sagen, ein Läppchen im kalten Sud eintauchen und Umschläge machen. Ganz gut finde ich, abwechselnd mit Retterspitz-äußerlich zu behandeln. Oft hilft das schon über Nacht. Am Tag kann man mit Schafgarben- oder Dreifach-Salbe einschmieren (Rezept).

Im Herbst, wenn die Eicheln reif sind, sollten Sie viel sammeln. Sie können die

Eiche (*Quercus robur*)

54

Eicheln trocknen, kleinschneiden, rösten und wie im Krieg Eichelkaffee kochen. Eicheln enthalten auch Gerbstoffe und Stärkemehl. Allerdings ist zu empfehlen, stets mit etwas Malzkaffee zu mischen, damit die Gerbstoffe nicht zu stark wirken. Nehmen Sie auch viel Milch, dann bekommt der Kaffee am besten. Besonders bei Lungenproblemen, Drüsenverstopfung und Gichtknoten helfen Eichelkaffee und Eichenrindensudbäder (danach kalt abwaschen, damit sich die Poren schließen). Wie immer sage ich auch hier: Alles geht nur von innen und von außen.

Das Beispiel ist bei mir immer der Krieg. Da werden die Menschen zu Erfindern. Ganz wenige waren krank. Wir haben uns mit Eichelkaffee gesund erhalten.

Fußschweiß, Hämorrhoiden, Magenschleimhaut, Lunge, Drüsenverstopfung, Gichtknoten

Kornelkirsche

Als erste Blüte im Frühjahr kommt die Kornelkirsche. Sie hat feine gelbe zarte Blütchen und ist kleiner als die der Forsythie. Die Frucht kommt jedoch meistens erst im Oktober. Sie ist länglich rot. Zu erwähnen ist, daß es Sträucher sind, auf denen die länglichen Früchte wachsen (nicht giftig). Sie finden sie in vielen Parks, unbeachtet von den Menschen. Doch sollten Sie sie rechtzeitig holen, noch ehe die Vögel dran waren.

Schon die heilige HILDEGARD VON BINGEN hat mit der Kornelkirsche Magenprobleme geheilt. Sie können sie in jeder Form zu sich nehmen, also roh, als Mus oder Gelee. Jedoch gilt auch hier stets zur Erinnerung, daß eine Besserung nur mit

Kornelkirsche (*Cornus mas*)

Geduld und langer Anwendungsdauer erzielt werden kann. Sie können bedenkenlos monatelang Kornelkirschen essen. Ich bin aber sicher, daß Sie längst vorher Ihren Magen und Darm in Ordnung haben.

Ich rate Ihnen aber, schon bevor Sie Beschwerden haben, die Kornelkirsche zu verwenden, dann kommt es gar nicht erst zu Verdauungsproblemen. In diesem Zusammenhang gewöhnen Sie sich langsam an Dinkelnahrung, denn Dinkel erwärmt die Seele, aber auch Ihren Körper. Gehen Sie es an, und schleichen Sie nicht drum herum.

Übrigens hilft die Kornelkirsche auch kranken Tieren (Durchfall), bestens bewährt in Verbindung mit Blutwurz.

Magen, Darm

Roßkastanie

Jeder kennt die Roßkastanie. Sie kommt im Frühjahr ziemlich als Erste mit ihren Kerzenblüten und jungen Blättern. Sie ist auch mit nichts anderem zu verwech-

55

seln. Man muß aber warten, bis im Herbst (Oktober) die Früchte, sprich Samen, reif sind. Sie haben viele Inhaltsstoffe, die trotz der Bitterkeit für unseren Körper gesund sind. Wer die Möglichkeit hat, die Blüten zu erreichen, soll auch sie heimholen. Setzen Sie eine Handvoll dieser schönen Gebilde in einem halben Liter Weingeist oder Schnaps an, und stellen Sie die Flasche ein paar Wochen in die Sonne oder Wärme. Die Tinktur wendet man bei stumpfen Verletzungen, Muskelkrämpfen und Durchblutungsstörungen an, jedoch nur äußerlich. Die Kastanie selbst enthält Bitterstoffe, Stärke, Glykoside, Gerbstoffe, Saponine, fettes Öl. Alles dies ist gut für den Kreislauf, die Adern und zur Durchblutung.

Sammeln Sie die reifen Kastanien. Frisch lassen sie sich gut zerkleinern. Einen Teil nehmen Sie mit der braunen Schale, den

Roßkastanie (Frucht)

anderen Teil schälen Sie und schneiden ihn dann klein. Die Kastanien mit Schale setzen Sie in einer weithalsigen Flasche mit klarem Schnaps, Vorlauf oder Weingeist an. Diese Tinktur wird nur äußerlich benutzt, also für Einreibungen oder Wickel. Ohne Schale können Sie die kleingeschnittenen Kastanien trocknen, in ein Säckchen geben und im Backrohr erhitzen. Diese heiße Auflage hilft (nach Brennesselsudwickeln) bei Trigeminusneuralgie. Einen Teil können Sie nach Bedarf durch die Kaffeemühle drehen, und das Mehl übers Essen geben. Ich empfehle, immer nur eine Messerspitze mitzuessen. Dies tut Ihren Venen und Krampfadern gut. Durchgemahlene Kastanien können Sie auch als Brei auf entzündete Venen auflegen.

Ergänzend können Sie noch Retterspitz äußerlich bei Venenleiden nach Vorschrift verwenden. Da gibt es neuerdings wunderbare Netzstrümpfe zum Eintauchen, darüber sehr gute Wollstrümpfe. All das macht eine Versorgung der Venenbeine leichter und sicherer.

Venenbeine, Krampfadern, stumpfe Verletzungen, Muskelkrämpfe, Durchblutungsstörungen, Trigeminusneuralgie, Gelenkschmerzen

Roßkastanie (*Aesculus hippocastanum*)

Meine Sträuße (getrocknet)

Wie ich schon am Anfang erwähnt habe, schneide ich die Kräuter ganz unten ab, bis auf den Schachtelhalm (Zinnkraut), von dem ich ein Drittel stehen lasse. Ansonsten bringe ich alles sehr sorgfältig nach Hause. Blätter und Blüten werden abgezupft oder geschnitten für Tee. Die Stiele und ältere Blätter binde ich zum Strauß und hänge sie im Schatten auf. Es muß alles ganz trocken sein, ehe es aufbewahrt wird. Sie können dann alles kleinschneiden, zusammenmischen und in einem Kopfkissen aufheben. Wenn Sie einen Salbeistock und einen Melissenstock im Garten haben, pflücken Sie ebenfalls die Blätter ab, und heben Sie die Stiele auf. Sie werden sich wundern,

wie wirkungsvoll sie im Wohltätigkeitsbad sind. Auch der Geruch, also das Aroma ist sehr stark. Deshalb ist es auch gut für die Atmung, die Bronchien und die Lunge. Auch bei Dampfsitzbädern bleibt die heilende Wirkung bei Blasen- oder Unterleibsentzündungen nicht aus.

Diese Sudbäder können auch bei schlecht heilenden Wunden angewendet werden. Auch da kann mit Retterspitz-äußerlich verstärkt werden.

Körperliche Überanstrengung, abschwitzen

Mein 6er Tee (patentiert)

Durch langes Ausprobieren habe ich eine Teemischung herausgefunden, die zueinanderpaßt und eine große Heilwirkung für alle Organe hat. Ich bin dafür, über eine Dauer von sechs Wochen den Tee zu trinken. Dann sollte man vielleicht vier Wochen aussetzen. Je nachdem wie der gesundheitliche Zustand ist, kann man die Kur wiederholen. In der Zwischenzeit schmeckt auch sicher mein Wintertee recht gut. Auch er ist heilsam. Mein 6er Tee ist ebenfalls in gesunden Tagen zur allgemeinen Regeneration und Erhaltung der Körperfunktionen gedacht.

Die Brennessel kommt bei mir immer in erster Linie. Sie wirkt blutreinigend, blutbildend und wassertreibend. Die Gelenke werden ausgeschwemmt. Die Brennessel enthält Kalk, Magnesium, Eisen, Chlorophyll und ätherische Öle.

Die Schafgarbe hat eine reinigende Funktion für Magen- und Darm. Sie hilft bei Problemen mit Kreislauf, Lunge und

Unterleib. Sie wirkt bei Schuppenflechte, Bronchitis, Hitzewallungen, Schließmuskelschwäche und Parkinson.

Melisse wirkt beruhigend bei nervlichen und psychischen Problemen, bei Magen-, Darm- und Herzbeschwerden, ist windtreibend und hilft bei Schlafproblemen.

Die Ringelblume unterstützt Magen, Darm, Galle, Leber, Blut, Venen und hilft bei Geschwüren. Man nimmt zur Blüte auch Blätter und Stiele (gut trocknen).

Die Walnußblätter unterstützen Leber und Haare, helfen bei Ödemen, Durchfall, Gasen und Blutarmut und wirken blutreinigend, wurmtreibend und sind deshalb besonders gut zur Darmreinigung. Anfang Juli gepflückt, enthalten sie die meisten Wirkstoffe.

Birkenblätter wirken anregend, harntreibend, blutreinigend, schwemmen die Gelenke aus, helfen bei Gicht, Rheuma, Haut- und Haarproblemen, zu viel Cholesterin, Transpiration, Steinerkrankungen und fördern die Gallensekretion. Sie enthalten Eisen, Jod, Kalk, Calcium, Natron, Phosphor, Kalk, ätherische Öle.

Sie können diese Kräuter alle selbst sammeln, laut meiner einzelnen Beschreibungen. Zu Hause mischen Sie alles und nehmen vier Eßlöffel für einen Liter Tee. Trinken Sie den Tee auf den Tag verteilt mit etwas Honig (auch blutreinigend).

Es ist schon sehr wichtig, daß das Blut gereinigt wird und flüssig durch die Adern fließt. Es erreicht leichter unser Gehirn, und so kann ein Schlaganfall verhindert werden.

Haben Sie nicht die Möglichkeit zum Sammeln, wollen auch nicht soviel gekauften Tee trinken, so machen Sie

zweimal pro Jahr im Frühjahr und im Herbst eine Trinkkur mit Retterspitzinnerlich: dreimal ein Likörglas vor dem Essen.

Mein Wintertee

Mein Wintertee ist eine hervorragende Mischung von vier oder fünf Sorten. Man kann die entsprechenden Kräuter den ganzen Sommer lang sammeln, da die Blätter und Sprossen zum Teil immer wieder nachwachsen. Zu meinem Wintertee gehören junge Brombeersprossen, Himbeersprossen, schwarze Johannisbeerblätter und Hagebutte (Frucht, junge Blätter).

Waldbeerblätter können Sie den ganzen Sommer jung pflücken und trocknen. Sie enthalten Gerbstoffe, ätherische Öle, Vitamin C und Mineralstoffe. Deshalb wirken sie blutreinigend, blutvermehrend, auch nervenberuhigend. Besonders zu empfehlen sind sie bei blutarmen Kindern.

Die jungen Sprossen, die Blütenknospen und Blätter der Brombeere werden auch während des ganzen Sommers stets am Vormittag gesammelt und im Schatten getrocknet. Sie enthalten Gerb-, Apfel- und Zitronensäure. Die Brombeere wirkt blutreinigend, harnaustreibend und wundreinigend. Sie hilft bei Durchfall, Heiserkeit, hohem Blutzucker und entzündeter Mundschleimhaut.

Auch bei der Himbeere holen Sie die jungen Blätter und Sprossen. Sie enthalten Zitronensäure, Vitamin C, Zucker und Mineralsalze. Die Himbeere reguliert die Menstruation, wirkt zusammenziehend

Brombeere und Walderdbeere sind im Wintertee enthalten

und blutreinigend, erleichtert das Schwitzen und schwemmt aus. Gut ist sie bei Skorbut (Vitamin-C-Mangel). Außerdem nehme ich Sprossen und Blätter für eine Salbe. Getrocknete Himbeerblätter riechen stark nach Himbeere.

Schwarze Johannisbeerblätter haben schon im Geruch (auch getrocknet) einen hohen Geschmacksanteil. Am wirksamsten sind die jungen Blattknospen. Als Tee getrocknet sind sie gut für die Nebennierenfunktion. Sie helfen Migrä-

nekranken, nervösen Kindern und Jugendlichen, bei Arterienverkalkung, hohem Blutdruck, Fettleibigkeit, Gicht, Leber-, Nieren-, Kreislaufproblemen und reinigen die Adern. Eigentlich profitiert der ganze Organismus. Einen besonderen Stellenwert nehmen frische Blätter als Tee gekocht (dreifache Menge) bei einer Frühjahrskur zum Entwässern ein.

Die Hagebutte paßt schon ihres säuerlichen Geschmacks wegen zu diesem Wintertee. Sie rundet das Ganze ab. Durch ihren hohen Vitamin-C-Gehalt ist sie ein gutes Schnupfenmittel. Außerdem enthält sie die Vitamine A, B, K, E, Eisen, Pektine, Gerbstoffe. Zur Frucht nimmt man noch die jungen Blätter, die man lange vorher holt, da sie sonst nur verschmutzen. Die Hagebutte selbst wasche ich, trockne sie ganz und zerkleinere sie im Mörser. Man kann sie auch gesondert aufheben. Ich nehme sie mit den Kernen. Sie hilft bei Skorbut (Vitamin-C-Mangel), Angst, Durchfall, Steinbildungen und Asthenie (körperliche Schwäche). Sie können die Hagebutte für innerliche und äußerliche Anwendungen benutzen.

Alles in allem wirkt mein Wintertee vorbeugend, hilft aber auch bei einem gesunden Start ins Frühjahr. Sie sollten sowieso viel trinken, insbesondere mit zunehmendem Alter, wenn das Durstgefühl nachläßt. Nun erst recht, im Winter tut's doppelt gut und geht auch leichter. Besonders wenn man alles selbst gesammelt hat. Es kostet Sie nur etwas Bewegung, die wir sowieso brauchen.

Aloe

Die Schmalblättrige Aloe hilft bei braunen Flecken (Muttermale oder Altersflecken). Schneiden Sie ein 2 cm großes Stück von der Pflanze ab (mit Tesafilm abdichten, damit nichts ausblutet). Die Stacheln abschneiden, dann der Länge nach aufschneiden, das Schleimige auf die braunen Flecken streichen oder über Nacht auflegen. Auch das dauert länger, aber der Erfolg hat uns recht gegeben.

Denken Sie nach Möglichkeit an den Mond. Alles, was weg soll (aus dem Körper raus), sollte bei abnehmendem Mond behandelt werden.

Aloe

Mein Kräuterkissen

Alles, was Sie nun gesammelt und gesondert getrocknet haben, wird gut in den Papiertaschen oder Leinensäckchen aufbewahrt. Bestimmte Kräuter haben aber ein besonderes Aroma und entsprechende ätherische Öle.

Nehmen Sie jeweils eine kleine Handvoll von Storchenschnabel, Melisse, schwarzen Johannisbeerblättern, Wiesengeißbart (Mädesüß), Schafgarbe, Birke, Hollerblüten, Salbei, Walnußblättern, Labkraut, Huflattichblättern und Zitronenmelisse. Zerkleinern Sie alles, mischen es gut, und stopfen Sie alles in ein dichtes Leinen- oder Baumwollkissen, das Sie dann zunähen. Ich bin sicher, Sie finden bei diesen Düften der ätherischen Öle den entsprechenden Schlaf. Zumindest für Ihre Atmung und Lunge ist es wohltuend und heilsam.

Die Krankheiten

Arthrose, Gicht, Rheuma

Diese drei Krankheiten treten sehr häufig auf. Ob es der Wohlstand ist oder falsche Ernährung aus Unwissenheit, man weiß es oft nicht. Tatsache ist, daß alles sehr schmerzhaft ist. Und wenn man nichts tut, gibt es ganz schlimme Deformierungen.

Bei uns gilt auch hier, es geht nur von innen und von außen. Für alle drei Arten von Krankheiten können Sie allein mit anderen Eßgewohnheiten viel dazu beitragen, daß es Ihnen bald besser geht. Reduzieren Sie Fleisch und Wurst. Essen Sie viel rohes Sauerkraut, Gemüse, Salate und Früchte. Als Getränk eignet sich Obst- oder Apfelessig, 1 cm ins Glas, dann mit Mineralwasser auffüllen. Trinken Sie während des Essens, so setzen sich keine Salze oder Fette im Gewebe an (nach ein paar Bissen ein bis zwei Schluck Essigwasser trinken). Dies gilt auch zur Reinigung der Adern (nach Dr. JARVIS „5 x 20 Jahre leben"). Essen Sie viel rohen Möhrenbrei.

Tee müssen Sie unbedingt täglich einen Liter trinken. Ich empfehle in diesem Fall einen Tee aus gleichen Teilen Zinnkraut, Brennesseln, Bohnenschalen, Birkenblättern und, wenn möglich, sehr wenig Kirschenstielen (brechen), die sehr viel Kieselsäure enthalten.

Machen Sie zudem eine Trinkkur mit Retterspitz-innerlich nach Vorschrift. Ich weiß, daß es Ihnen etwas bringt. Diese Kur trägt überhaupt zur Organreinigung

bei. Man sollte sie zweimal im Jahr machen (oft ausprobiert).

Bei Bädern müssen Sie selbst herausfinden, ob Ihnen eher heiße oder eher kalte Auflagen gut tun. Ich bin schon eher für Erwärmung, denn nach einem Wohltätigkeitsbad können die Salben oder Öle durch die offenen Poren besser in die Haut eindringen.

Benutzen Sie Rotlicht nur nach vorheriger Einreibung. Probieren Sie doch auch einmal Urinwickel, wenigstens an Händen und Füßen. Für die Hände tauchen Sie Stoffingerhandschuhe in den Urin und ziehen sie über Nacht an. Am besten ziehen Sie noch Fäustlinge darüber. Halten Sie diese Behandlung auf jeden Fall eine Woche durch.

Als Zuspeise essen Sie täglich ein bis zwei Quitten (Birnenquitten), und trinken Sie Artischockensaft.

Würzen Sie Ihre Salate gerade im Frühjahr mit den jungen frischen Un-Kräutern wie Bärlauch, Spitzwegerich, Gänseblümchen, Löwenzahn, Brennessel, Brunnenkresse. So tun Sie eigentlich schon alles für Ihre Gelenke , da über die Harnsäure alle Schadstoffe ausgeschwemmt werden. Füllen Sie aber wieder auf mit Magnesium und Kieselerde. Vergessen Sie nicht, Enzyme zu sich zu nehmen, ebenso Meeresgemüse (Algen-Kapseln).

Sollten Gicht und Rheuma durch Erkältung ausgelöst werden, versuchen Sie es mit Storchenschnabel (Ruprechtskraut):

frisch holen (gibt's überall), bündeln und die schmerzenden Partien umwickeln. Wenn es trocken ist, gleich wieder frisches auflegen. Man sollte auch da nicht die Geduld verlieren und es oft machen.

Blasenentzündung

Besonders in der Übergangszeit, also im Frühjahr oder Herbst, ist die Gefahr, sich zu erkälten sehr groß. Oft führt das zu einer Blasenentzündung. Es kann aber auch Eierstöcke, Gebärmutter oder Gedärme erwischen. Wie überall, machen Sie sich die Arbeit, und heilen Sie sich von innen und außen.

Als Tee: Brennessel, gelbe Taubnessel. Bärentraubenblättertee, Schafgarbe. Wie bei allen Tees sollte man auch hier täglich einen Liter schluckweise auf den Tag verteilt trinken. Zusätzlich nehmen Sie eine Flasche Retterspitz-innerlich. Es rundet die ganze Behandlung ab, und Sie können keinen Fehler machen.

Äußerlich empfehle ich die Kräuterdampfbäder. Ich finde sie wirkungsvoller als Badewannensitzbäder. Schauen Sie sich meine aufgehängten Sträuße an, die getrocknet sind. Schneiden Sie von ihnen zwei Handvoll ab, und zwar Brennessel, Schafgarbe, Zinnkraut, Salbei. Kochen sie alles mindestens zehn Minuten lang.

Es gibt im Sanitärfachhandel Schüsseln, die in jede Toilette passen. Man kann auch eine alte Blechschüssel mit einem Rand oder einen alten Topf, den man in die Toilettenschüssel stellt, hernehmen. Auf jeden Fall muß der Sud so heiß sein, daß der Dampf hochsteigt. Decken Sie Ihre Nieren mit Badetuch oder Bademantel ab, und setzen Sie sich hin. Wenn es zu heiß ist, nicht aufgeben, nur kurz aufstehen, hinsetzen usw., bis es eine Wohltat ist. Ich verspreche Ihnen, es geht erwärmt durch den ganzen Körper. Bei akuten Fällen machen Sie das alle paar Stunden. Man kann aber den Sud ein paar Tage hintereinander wieder heiß machen. Deshalb lasse ich auch die Kräuter drin.

Zur Beschleunigung könnten Sie noch auf den Unterbauch Retterspitz-äußerlich-Wickel machen. Nach Vorschrift allerdings empfehle ich laut Erfahrung lauwarm. Am besten ist aber, nicht abtrocknen und ins vorgewärmte Bett gehen. Ich konnte dabei schon oftmals helfen. Doch bitte ich Sie trotzdem, es Ihrem Hausarzt zu sagen. Ich bin sicher, wir haben nichts falsch gemacht. Noch ein wichtiger Hinweis: Lassen Sie während dieser Probleme Kaffee und Alkohol weg.

Wer Hämorrhoiden hat, muß sie mit einem Läppchen, in Retterspitz-äußerlich getränkt, kalt abdecken. Denn sie mögen es kalt, da es Krampfadern sind.

Bronchitis, starker Husten

Mit zu den meisten Nachwirkungen bei Erkältungskrankheiten gehört die Bronchitis mit hartnäckigem Husten. Es ist sehr schwer, ihn zu lösen und abzuhusten. Man darf das aber nicht verschleppen und muß auf jeden Fall dranbleiben. Auch hier gilt mein Rat, alles geht nur von innen und von außen. Als Tee empfehle ich Huflattich, Spitzwegerich, Thymian, gesüßt mit (so vorhanden, Rezept an anderer Stelle) Fichtenspitzenhonig. Es sollte schon täglich ein Liter schluckweise auf den Tag verteilt getrunken werden.

Äußerlich sollten Sie wirklich Ihren Brustbereich intensiv behandeln. Dazu öffnen Sie erst einmal die Poren mit feuchtheißen Wickeln entweder mit einem Heusack (jedoch ohne Plastikauflage) oder heiß mit Retterspitz-äußerlich 1:1, oder eine heiße Rolle. Nach etwa 20 Minuten trocknen Sie sich leicht ab, dann reiben Sie sich mit Retterspitz-Quick zugleich den Rücken ein und packen sich warm ein. Sie können auch einen Schweineschmalzwickel machen, dazu gekochte Kartoffeln quetschen und heiß auflegen. Das machen Sie ein paar Abende, und Sie werden merken wie sich alles löst.

Beim Spitzwegerich (S. 31) finden Sie die Anwendung und das Rezept mit dem schwarzen Rettich, mit dem schon unsere Vorfahren Bronchitis und Husten geheilt haben.

Spitzwegerichhonig, Akeleiblätterhonig

Eisenmangel

Eisen kann man zusätzlich zu sich nehmen. Besonders bei uns Frauen tritt sehr häufig Eisenmangel auf. Durch den monatlichen Blutaustausch kommt es zum Abfall der Eisenmenge, die der Körper unbedingt braucht. Eisen bringt uns in Schwung. Ist das nicht gegeben, sind wir einer ständigen Müdigkeit ausgesetzt. Lassen Sie es nicht so weit kommen.

Man kann einiges tun. Schaffen Sie sich Eisentöpfe an, die nicht beschichtet sind. Schon unsere Großmütter hatten solche Töpfe. Lassen Sie ruhig mal über Nacht Bratkartoffeln in dieser Pfanne.

Die Brennessel enthält Eisen. Auch sie können Sie in der Pfanne dünsten, auch einen Tag in dieser aufheben, so haben Sie am nächsten Tag praktisch die doppelte Menge an Eisen.

Stecken Sie zehn eiserne Nägel in einen Apfel, lassen Sie sie zwölf Stunden drin. Dann nehmen Sie sie heraus und stecken sie gleich in den nächsten Apfel. So wiederholen Sie es jeden Tag. Auf diese Weise haben Sie täglich den Eisenbedarf für einen Tag, wenn Sie jeweils den Apfel essen.

Holen Sie sich auch junge Birkenblätter ins Haus. Rösten Sie sie ebenfalls in der Pfanne, würzen mit etwas Kräutersalz und geben sie über Ihr Essen – eine Delikatesse. Birkenblätter eignen sich auch für Tee.

Übrigens hat Spinat nicht so viel Eisen wie immer angegeben wurde. Auch hier gilt: nie mit Übertreibungen. Nehmen Sie alles in normalen Mengen zu sich. Setzen Sie immer wieder aus, und essen und trinken Sie stattdessen etwas anderes. Stete Abwechslung tut Ihrem Körper gut.

Eisenmangel

Erkältungskrankheiten, Grippe

Mein vielfach ausprobierter Vitaminstoß wirkt immer, und Sie sind nach zwei bis drei Tagen wieder wohl auf. Voraussetzung ist jedoch ein gesunder Magen, da das Getränk doch viel Säure enthält.

Nehmen Sie zwei Grapefruits (Pampelmuse), zwei Orangen, zwei Zitronen, pressen sie aus und erhitzen sie nicht über 60 °C (wegen der Vitamine). Geben Sie einen Eßlöffel Honig und ein Likörglas Obstler oder klaren Schnaps dazu. Alles sollte so heiß und schnell wie möglich getrunken werden. Wer keinen Alkohol mag, kocht ziemlich starken Lindenblütentee oder Holunderblütentee, vermische ihn mit dem Fruchtsaft und trinke ebenfalls so rasch wie möglich.

Wenn Sie in der Lage sind, noch ein heißes Bad zu nehmen, könnte dies den Schwitzprozeß beschleunigen. Auf jeden Fall sollten Sie nach dem Bad ins vorgewärmte Bett gehen, den Kopf mit Tüchern einwickeln und sich mit einer zweiten Decke zudecken. Ich garantiere Ihnen, Sie können vieles herausschwitzen, haben aber mit Vitaminen aufgefüllt. Wenn die Erkältung stärker ist, kann man alles noch einmal wiederholen.

Gürtelrose

Unsere Ärzte und Heilpraktiker sagen selbst, daß es schwer ist, bei Gürtelrose (Herpes zoster) ein gezieltes Mittel zu geben, das schnell hilft. Jedoch wenn man die Krankheit auf Anhieb erkennt, kann man in jüngster Zeit ein Medikament bekommen. Aber auch da ist es gut, wenn Sie mit der Natur weiterhelfen, da es sonst sehr langwierig ist, davon loszukommen. In erster Linie können Sie die entzündeten Bläschen mit Wickeln aus Retterspitz äußerlich zur schnellen Abheilung bringen (Anwendungsvorschrift in der Broschüre beachten – ausprobiert). Zusätzlich reiben Sie die Partien mit Johanniskrautöl ein. Als Tee empfehle ich Johanniskraut, Melisse, Salbei. Außerdem sollten Sie viele rote Säfte trinken: rote und schwarze Johannisbeere, Holunder, Himbeeren. Brombeeren, rote Beete und auch Rotwein, der allerdings Gerbsäure enthält. Retterspitz-innerlich rundet das Ganze ab.

Haare

Die Haare sind unser schönster Schmuck. Sie können dazu beitragen, und zwar mit Walnußblätter- oder Brennesseltee, der geht in die Haare. Außerdem sollten Sie zwei- bis dreimal pro Woche Hirse essen. Man kann sie kochen und stets ein paar Teelöffel ins tägliche Essen geben.

Oder backen Sie Hirseplätzchen, mit etwas geröstetem Speck, einem Ei und vielen Kräutern, dazu ein bißchen Kräutersalz, etwas Pfeffer. Wenn die Masse zu weich ist, geben Sie ganz wenig frisch gemahlenen Dinkel dazu.

Einmal pro Woche sollten Sie bei Haarausfall die Haare nur mit Eigelb waschen. Nicht zu heiß, aber doch gut warm. Sie brauchen kein Shampoo, das Ei schäumt auch. Reiben Sie sich jedoch nicht die Kopfhaut, sondern machen Sie eine Druckmassage.

Sudauflagen mit Brennesseln, Walnußblättern oder jungen Buchsbaumblättern helfen auch. Lassen Sie den Sud über Nacht auf dem Kopf und waschen ihn am nächsten Tag aus. Ich bin sicher, Sie werden mit Ihren Haaren Freude haben.

Psoriasis (Schuppenflechte), Neurodermitis

Eigentlich weiß keiner, was es ist, und wieso die Psoriasis auftritt. Ich bin aber auch hier der Meinung, daß in Ihrem Körper ein Organ nicht richtig arbeitet. Die Krankheit ist nicht lebensgefährlich. Aber auch das ist eine Gnade, daß sich etwas bemerkbar macht und Sie etwas dagegen tun können. Haben Sie Vertrauen und Geduld, es wird länger dauern bis es gut wird. Es hat auch oft lange gedauert, bis es da war.

Das Gleiche gilt für Neurodermitis, Allergien oder andere Hautausschläge.

Alles kann viele Ursachen haben. Oft ist falsche und einseitige Ernährung schuld oder zu häufiges Waschen, Baden, Duschen mit kosmetischen Mitteln. Denken Sie daran, daß unsere Haut eine Schutzschicht hat, die zwar robust ist, aber auch entsprechend behandelt werden will. Ich muß es schon sagen, daß ich mich an den sogenannten früheren armen Leuten orientiere. Damals waren zwölf bis 15 Kinder und noch mehr die Regel. Alle kamen am Wochenende in die Wanne. Der Verdienst des Vaters war karg. Die Familie hat gedarbt. Wenn überhaupt, gab es nur am Sonntag ein kleines Stückchen Fleisch. Ansonsten hat man von selbst angebautem Gemüse, Salat und Kartoffeln gelebt. Es hat den ganzen Winter gereicht, bis im Frühling die jungen Kräuter kamen. Man hatte auch kein Geld für einen Arzt. Somit hat man sich dessen bedient, was stets die Großeltern wußten und weitergaben – von Generation zu Generation. Heutzutage ist alles so bequem, ich möchte, daß Sie darüber nachdenken. Ich möchte Ihnen helfen.

Vor ein paar Jahren hatte ich einen älteren Mann beim Kräutergang, der in russischer Kriegsgefangenschaft war. Täglich, so oft es möglich war, hat er dort unter dem Stacheldraht hinausgegriffen, um „Unkraut" zu erwischen. Er wurde ausgelacht. Doch er war der Einzige, der in die Heimat kam. Ich glaube ganz fest an die Kraft der Heilkräuter.

Das alles gehört bei mir zur Heilung der Hautkrankheiten. Trinken Sie auf jeden Fall sechs Wochen lang meinen 6er Tee. Sie finden alles im Büchlein. Anschließend nehmen Sie den Wintertee. Nach weiteren vier Wochen können Sie alles noch einmal wiederholen. Zur äußeren Heilung bereiten Sie sich ein Bad mit meinem Kräutersud, dazu geben Sie noch Wundklee (kann man kaufen, da er hoch auf dem Berg wächst). Sollten Sie keinen Sud haben, holen Sie sich Retterspitz-äußerlich, schütten Sie ungefähr einen viertel Liter in die Badewanne. Größere Heilungschancen haben Sie, wenn Sie Ihren Urin dazugießen. Ekeln Sie sich nicht davor. Ein 20minütiges Bad ist unbedingt notwendig. Nach Möglichkeit sollten Sie sich nicht abtrocknen, sondern nur abtupfen. Zum Schluß reiben Sie sich mit Johanniskrautöl, Ringelblumen- oder Dreifach-Salbe leicht ein. Nehmen Sie wenigstens alle zwei Tage so ein Bad.

Hierzu gehört nun noch Retterspitz-innerlich. Trinken Sie täglich dreimal ein Likörglas vor dem Essen, vor dem Schlafen das Letzte. Machen Sie zu den Tees noch die beschriebene Kur. Der Inhalt ist gut für alle Organe.

Roher Karottenbrei, fein gerieben, mit ein paar Tropfen Rahm oder Öl versetzt, reinigt den Darm.

Venenentzündung

Wenn die Beine brennen und heiß sind, sollten Sie zum Arzt gehen. Stellt er dann fest, daß es eine Venenentzündung ist, können Sie auch da mithelfen, daß Sie schneller gesund werden.

In erster Linie trinken Sie über längere Zeit Ringelblumentee, einen Liter täglich. Machen Sie alle zwei Stunden Wickel mit

Retterspitz-äußerlich (kalt). Dazwischen können Sie mit Ringelblumensalbe leicht einreiben, mit einer Binde fixieren.

Geben Sie ein wenig gepulverte Roßkastanie ins Essen.

Sollte sich eine Thrombose entwickeln, empfehle ich Borretschblüten aufs Butterbrot oder in den Salat. Außerdem sollten Sie Molke trinken. So tut sich was, auf jeden Fall schaden Sie Ihrem Körper nicht.

Professor MAY in Innsbruck (der Venenspezialist) sagte immer: „Es heißt nicht stehen oder sitzen, es heißt laufen oder liegen." Ganz wichtig ist, daß Sie die Beine hochlegen, und zwar ab der Kniekehle etwa 25 bis 30 cm. Man kann das gut mit alten Stepp- oder Wolldecken machen.

Wer Kräuterbäder in der Wanne macht, muß unbedingt die Beine rechts und links am Wannenrand hochlegen, denn Venen mögen's kalt.

Jetzt gibt es auch neuerdings Strümpfe von der Firma Retterspitz, die man in Retterspitz-äußerlich taucht und über Nacht anzieht. Ich kann es nur empfehlen.

Venenentzündung

Verstopfung

Wer ständig unter Verstopfung leidet, fühlt sich ganz bestimmt nicht wohl. Fäulnisprodukte und schlechte Gase befinden sich im Darm. Man darf dies in keinem Fall anstehen lassen. Je eher Sie dieses Problem angehen, um so eher können Sie es beheben. Man kann seinen Darm erziehen. Auch da ist Geduld wich-

tig. Es gibt so viele Möglichkeiten. Suchen Sie das Geeignete für sich heraus. Jeder reagiert ja auf etwas anderes.

Fangen Sie mit Feigen an. Weichen Sie abends drei oder mehr getrocknete Feigen in lauwarmem Wasser ein. Am nächsten Tag trinken Sie nüchtern das Wasser, anschließend essen Sie die Feigen. Machen Sie das einige Wochen. Dazwischen können Sie täglich einen Eßlöffel Leinsamen (nicht geschrotet) mit Saft oder einer anderen Flüssigkeit, evtl. Leinöl, zu sich nehmen.

Nüsse sind Ballaststoffe. Sie sollten Walnüsse, Haselnüsse, Mandeln, jeweils in geringen Mengen gut gekaut, täglich zu sich nehmen. Auf jeden Fall sollten Sie auch täglich rohen Karottenbrei, fein gerieben mit ein paar Tropfen Rahm oder Öl, und viel rohes oder gekochtes Sauerkraut essen.

Als Flüssigkeit sollten Sie viel Obstessig mit Wasser trinken: etwa 1 cm Obstessig ins Glas, dann mit Wasser auffüllen. Essen Sie täglich einige Äpfel, aber mit Schale und Kernhaus, da es den Darm putzt.

Nehmen Sie öfter ein heißes Bad, und machen Sie meine Zeigefinger-Akupressur laut Abbildung: von der Fingerspitze

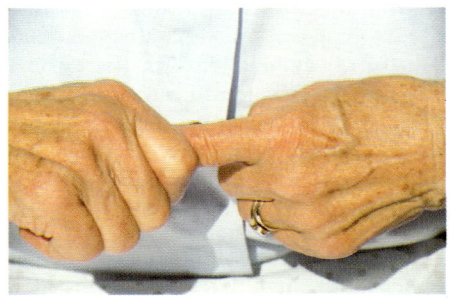

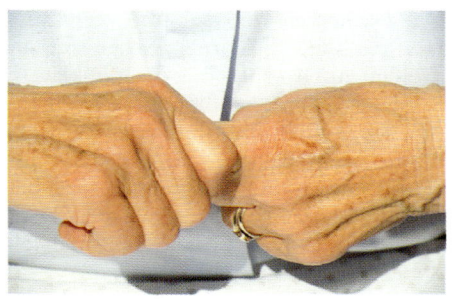

bis zum Handrücken gepreßt mit Daumen und Zeigefinger der anderen Hand, jeweils 50 mal pro Hand. Sie werden spüren, daß sich plötzlich etwas tut. Außerdem sollten Sie feuchtheiße Wickel mit Retterspitz-äußerlich auf dem Unterbauch machen. Danach reiben Sie sich mit Johanniskrautöl ein. Dies gilt vor allem für Kinder.

Als Tee eignen sich Salbei mit Kümmel, Fenchel und Himbeerblätter. Dazu können Sie Retterspitz-innerlich nach Vorschrift trinken.

Oft genügt schon, wenn Sie morgens nüchtern ein Glas lauwarmes Wasser trinken. Vielleicht dauert es Wochen, ja sogar Monate, bis es funktioniert. Doch geben Sie nicht auf, ich bin sicher, irgendwann klappt es. Noch ein Tip: Am Abend zwei Teelöffel Senfkörner mit Flüssigkeit einnehmen.

Befassen Sie sich auch mit Flohsamen nach der heiligen HILDEGARD VON BINGEN (Dr. HERTZKA).

Bandscheibenvorfall

Die heilige HILDEGARD VON BINGEN hat geschrieben, daß man bei einem Band-

scheibenvorfall Weizen so lange kochen soll, bis er nicht mehr im Wasser schwimmt (im Schnellkochtopf quillt er besser auf). Richten Sie vorher ein älteres Bettuch her, das um den ganzen Körper reicht.

Den gekochten und gequollenen Weizen verteilt man, gut heiß, auf ein Handtuch. Legen Sie sich vorsichtig darauf. Vorsicht, daß es keine Blasen gibt. Doch die Haut gewöhnt sich sehr schnell daran.

Lassen Sie sich streng einpacken. Bleiben Sie liegen, solange es gut warm ist. Danach gut abtrocknen und Johanniskrautöl (angewärmt) in die betroffene Partie leicht einmassieren. Das machen Sie drei Tage hintereinander, anschließend noch alle zwei Tage. Dazu trinken Sie täglich schluckweise 1/4 Liter Weißwein, in dem vorher 1 Teelöffel Galgantwurzel oder Galgantpulver fünf Minuten gekocht wurde.

Ziehen die Schmerzen in die Leistengegend, legen Sie in ein Taschentuch gebundenen Weizen auch auf diesen Bereich.

Auch bei einem Bandscheibenvorfall am Halswirbel legen Sie in ein Tuch oder in ein Säckchen gebundenen Weizen auf. Wir haben das mit Erfolg angewendet.

Darmpilz

Bei einigen Krankheiten (z.B. Schuppenflechte, Neurodermitis, etc.) wird als Ursache eine zu hohe Hefepilzkonzentration im Darm diskutiert. Wer die Mittel jeweils wie beschrieben angewendet hat, dies mit viel Geduld und Ausdauer durchgezogen hat, der kann sicher sein, daß über die Darmreinigung die Heilung erfolgt ist.

Nun habe ich noch folgendes Hinweis: Um die Darmflora wieder aufzubauen, sollen Sie oft Hirse (in irgendeiner Form) essen. Dies ist auch gut für Haare und Fingernägel. Außerdem helfen auch Eßkastanien (Maroni). Man ritzt mit dem Messer ein Kreuz in die Schale und kocht die Maroni in Salzwasser (10 Minuten), danach abschälen und essen. Sie können auch Kastanienmehl in Reformhäusern kaufen. Maroni sind auch für Diabetiker geeignet, denn sie enthalten keinen Zukker.

Durchblutungsstörungen

Getrocknete oder frische Beinwellblätter sind ein hervorragendes Mittel bei Durchblutungsstörungen aller Art.

Man nimmt zwei Hände voll, zerkleinert sie, kocht sie in einem älteren Topf in etwa 2 bis 3 Liter Wasser nur vielleicht drei Minuten. Etwas abkühlen lassen, so auf gute Handwärme, nach Möglichkeit, so heiß Sie es ertragen können. Lassen Sie die Blätter ruhig drin. Man kann den gleichen Sud noch zwei bis drei Tage hernehmen. Vielleicht haben Sie danach schon auf Dauer warme Hände und Füße.

Durchfall

Wenn bei Durchfall nichts anderes hilft, nehmen Sie folgende Kombination: Kochen Sie Salbeitee (keine Kamille, sie trocknet Schleimhäute aus). Den Tee mischen Sie zu gleichen Teilen mit Retterspitz-innerlich. Trinken Sie den Tee schluckweise auf den Tag verteilt. Es darf auch mehr sein.

Dazwischen essen Sie ebenso verteilt im Lauf des Tages 20 Kornelkirschen roh, zusätzlich noch schluckweise mit klarem Schnaps angesetzte Blutwurz (Tormentill). Sie können die Blutwurzel getrocknet in Apotheken kaufen und dann ansetzen. Sie soll immer greifbar sein, besonders in der Landwirtschaft, wo es viele Kälbchen gibt, die oft an Durchfall leiden.

Hier noch ein ausprobiertes Durchfallmittel bei Menschen: Zwei Karotten aufreiben, etwas gequetschten Kürbis und drei bis vier gekochte Edelkastanien (Maroni) ebenso zerkleinern, alles vermischen und im Laufe des Tages löffelweise essen. In kürzester Zeit läßt der Durchfall nach. Besonders Maroni bauen die Darmflora wieder auf.

Vergessen Sie nicht, sehr viel zu trinken. Dazu ist schwarzer Tee gut.

Eierstockzysten

Sehr bewährt hat sich hier Schafgarben-Frauenmanteltee. Zum Teetrinken können Sie auch äußerlich noch was tun: Kaufen Sie sich frischen Ingwer nehmen Sie ein Drittel einer Wurzel, reiben Sie sie auf einem feinen Reibeisen (am besten rund), geben den Brei in ein Tuch oder Säckchen, binden es zu mit einem Faden und kochen es in 1 Liter Wasser etwa 5 Minuten. Es sollte ein emaillierter Topf sein.

Dann tauchen Sie ein Tuch ein und legen es auf die Stelle, an der Sie die Zyste vermuten. Es kann gut warm angebracht werden. Noch ein trockenes Tuch darauf, sobald es nur noch knapp feucht ist, erneuern. Vergessen Sie nicht, nur die Zeit des abnehmenden Mondes zu nutzen.

Immer wieder betone ich, alles was aus dem Körper raus soll, macht man in dieser Zeit. Das gilt auch für Zysten an anderen Stellen. Gewöhnen Sie sich daran, im Kalender nach dem Mond zu sehen.

Gicht, Rheuma

Wer glücklicher Besitzer einer Birke in seinem Garten ist, kann im Februar oder März ein Loch in den Stamm bohren. Schieben Sie dann ein Röhrchen, das nach außen in ein Gefäß mündet, in dieses Loch. Das Birkenwasser fängt an zu laufen. Wenn das Gefäß voll ist, drehen Sie einen Stöpsel in das gebohrte Loch, damit der Baum nicht ausblutet. Sie schaden aber der Birke damit nicht. Der Mensch kann ja auch zur Ader gelassen werden. Sobald die ersten Blättchen kommen, hört die Birke auf zu tropfen.

Stellen Sie das Birkenwasser kühl (Kühlschrank), und trinken Sie öfter mal ein Gläschen. Sie können es auch nach der Kopfwäsche als Abschluß aufs Haupt geben. Nach Möglichkeit nicht fönen. Ich kenne mehrere, bei denen durch das Birkenwasser Gicht und Rheuma verschwunden sind.

Krämpfe vor der Periode

Wer starke Schmerzen und Übelkeit vor der Periode hat, trinke zwei Wochen vor der Zeit täglich 1/4 bis 1/2 Liter Tee, und zwar folgende Mischung zu gleichen Teilen: Schafgarbe, Frauenmantel, Taubnessel. Nach einigen Monaten hat sich alles eingependelt, so daß es keine Probleme mehr gibt. Ist alles in Ordnung, empfehle ich, noch ein- oder zweimal weiterzumachen, damit ja nichts mehr zurückkommt.

Nagelpilz

Wer von Nagelpilz geplagt ist, sollte längere Zeit täglich ein Kernseifenfußbad nehmen, nachher abtrocknen und mit einer Feile die aufgeweichten Stellen abraspeln. Anschließend mit Ballistol (Gewehröl, in Apotheken oder Waffengeschäften) bepinseln.

Es kann länger dauern, bis sich der Erfolg einstellt.

Ohrenschmerzen bei Kindern

Wenn Ihre Kinder Ohrenschmerzen haben, dann nehmen Sie ein Wattestäbchen, tauchen es in angewärmtes Johanniskrautöl, und geben Sie einen Tropfen in den Gehörgang. Anschließend nehmen Sie ein Mullfleckchen (keine Watte, die verklebt), tauchen Sie es in Retterspitz äußerlich mit Salbeitee vermischt und stecken es ins Ohr. Äußerlich legen Sie noch ein zusammengelegtes Taschentuch mit derselben Mischung auf das kranke Ohr.

Mit Mütze oder Stirnband warm abdecken. Ich bin sicher, in einer halben Stunde hat sich alles beruhigt. Bitte machen Sie es über mehrere Tage. Es muß wirklich abgeheilt sein, sonst beginnt es noch einmal von vorne, oder es kann chronisch werden.

Sodbrennen

Sodbrennen kann sehr unangenehm sein und zur Übelkeit führen. Wer unterwegs ist, oder nichts bei der Hand hat, der sammle im Mund soviel Speichel an, daß Sie glauben, es läuft über. Sodann schlucken Sie alles auf einmal hinunter. Es wird Ihnen Erleichterung bringen.

Haben Sie immer wieder mal Probleme mit Sodbrennen, machen Sie einige Male pro Jahr eine Kur mit Retterspitz innerlich, jedoch verdünnt mit Salbeitee zu gleichen Teilen. Den letzten Schluck vor dem Einschlafen, so kann das über Nacht heilen. Der übersäuerte Magen heilt sich aus. Auch hier keinen Kamillentee trinken, er trocknet die Schleimhäute aus.

Wechseljahre

Noch eine bewährte Mischung während der Wechseljahre: Schafgarben, Frauenmantel und Salbeitee zu gleichen Teilen mischen und davon einen Tee brühen. Nicht täglich diesen Tee trinken. Ich würde zwei- bis dreimal pro Woche stets 1/2 Liter trinken. Eigentlich bei Bedarf.

Einige Tips am Rande

Hefe bei Zucker

Sehr viele Menschen leiden an der Zukkerkrankheit. Hierbei habe ich ein sicheres Mittel, das auch nicht schadet, selbst wenn man schon Insulin spritzen muß. Die einfache Backhefe aus den Würfeln in Flüssigkeit oder pur genommen hilft garantiert (mehrfach mit großem Erfolg ausprobiert). Ich empfehle täglich einen Würfel, verteilt auf den Tag. Auch hier gilt: öfters wenig als einmal zuviel. Das Organ nimmt sich nur, was es im Moment braucht. Natürlich ist auch Bierhefe gut, doch ich bin immer für das Natürliche.

Als Getränk empfehle ich einen Tee aus gleichen Teilen Brombeersprossen, Fünffingerkraut (das blühende Kraut), Heidelbeerblättern (nur getrocknet und vor der Blüte gepflückt). Auch Bohnenschalentee hilft.

Organreinigung

Wer zu hohe Cholesterin-Werte hat, sollte sich an Meerrettich gewöhnen. Wer einen Garten hat oder auf dem Balkon eine Kübel stehen hat, kann ihn selbst anbauen. Stecken Sie ein etwa 6 cm Stück von einer frischen Meerrettichstange in die Erde. Sie wächst garantiert in kurzer Zeit nach unten und bildet oben ein sehr schönes grünes Blatt, zum Teil auch eine Blüte. Sie können auch sicher sein, daß

sie sich bald vermehrt. Die Blätter schneide ich ab und nehme sie als Gewürz, entweder frisch oder kleingeschnitten getrocknet.

Meerrettich, immer wenig in Suppen, Soßen, Salatsoßen, Eierspeisen, würzt zugleich. Er enthält Senföl (deshalb gut für die Leber), Bitterstoffe (also gut für die Galle), einige antibiotisch wirkende Substanzen und Vitamine.

Eigentlich profitiert der ganze Körper von dem Cholesterin-senkenden Mittel Meerrettich: Harnwege, Atemwege, Darm und Gelenke.

Schlafplatz

Oft stehen wir vor einem Rätsel, warum wir nicht oder nur schlecht schlafen können. Es gibt viele Gründe dafür. Als erstes sollten Sie durch einen guten Wünschelrutengänger Ihren Bettplatz abruten lassen, gegebenenfalls noch durch einen Zweiten. Sie können damit auch einer Krebsgefahr entgegenwirken. Es gibt aber keine Geräte, die wirksam abschirmen können. Am sichersten ist ein Platzwechsel. Im Sommer kann man sich einen Labkrautkranz winden und unter das Bett legen. Das wirksamste ist, wie an anderer Stelle schon beschrieben, das gelbe Labkraut. Da es das seltener gibt, nehme ich auch das weiße Labkraut (ausprobiert).

Bitte achten Sie auf alle Fälle auf Wasseradern, Kreuzungen, globale Gitterzonen, Hartmannzonen, Magnetfelder. Zu beachten ist auch, daß Sie keinen Spiegel in Ihrem Schlafzimmer haben. Er muß heraus oder zugehängt werden, denn der Spiegel enthält Quecksilber. Ferner stellen Radio, Radiowecker, Fernsehapparat, überhaupt alle Elektrogeräte eine große Gefahr dar.

Es gibt Menschen, denen es nichts ausmacht, wo sie auch liegen. Doch es gibt immer mehr die Menschen, die krank werden und Angst vor dem Schlafzimmer haben. Ich bitte Sie, nehmen Sie das ernst. In früheren Zeiten hat man erst abgerutet, ehe man ein Haus gebaut hat. Es gibt ein Buch von der Österreicherin KÄTHE BACHLER. Der Titel: „Erfahrungen einer Rutengängerin".

Ich wollte Ihnen eigentlich nur helfen!

Liebe Freunde der Wild- und Heilkräuter!

Ich habe mich bemüht, alles so weiterzugeben, wie ich es stets erzähle. Man hat mich darum gebeten. Natürlich ist es noch lange nicht alles, was Gott für uns bereithält.

Wenn Sie in alles so hineinwachsen, können Sie auch mit der Natur anders umgehen, damit sie uns in ihrer Vielfalt erhalten bleibt. Ich wünsche mir, daß Sie dieses Büchlein lesen und nicht nur im Verzeichnis nachsehen. So können Sie manches finden, was Sie auch als gesunder Mensch brauchen können. Lassen Sie es gar nicht erst zu einer Krankheit kommen.

Ich mache weiter und hoffe, eines Tages noch weitere Tips geben zu können. Meine Gedanken sind schon beim nächsten Buch, bei dem die Krankheiten im Mittelpunkt stehen werden. Was ich möchte, ist eigentlich nur – helfen!

Etwas liegt mir noch sehr am Herzen: Oft hat es den Anschein, daß ich die Natur zerstöre. Deswegen mußte ich bereits viele Angriffe über mich ergehen lassen. Jedoch muß ich mich gegen diesen Vorwurf ganz entschieden wehren. Ganz im Gegenteil: Gott bietet uns die ganze Fülle der Heilkraft mit der Natur im Garten Eden. Sprechen Sie mit den Kräutern, denn wir Lebewesen, ob Mensch oder Tier, sind auf sie angewiesen. Ich sehe es als eine Gnade an, daß wir uns ihrer bedienen dürfen. So bekommen Sie noch eine viel engere Beziehung zu den Heilungschancen.

Wenn es oft den Anschein hat, daß die Kräuter zu schwach sind, geben Sie nicht auf, glauben Sie an sich und an die Natur, also an die Schöpfung.

Ich wünsche Ihnen von Herzen die Kraft und den Erfolg. Und – vergessen Sie niemals zu danken!

Stichwortverzeichnis